漢詩와 우리詩의 만남

츈하추동
春夏秋冬

춘하추동(春夏秋冬)

초판 1쇄 발행 2019년 2월 21일
2쇄 발행 2022년 7월 22일

지은이 정웅
펴낸이 장길수
펴낸곳 지식과감성#
출판등록 제2012-000081호

디자인 박예은
편집 이현, 최지희, 장홍은, 박예은, 남효은
교정 정유경
마케팅 고은빛

주소 서울시 금천구 벚꽃로298 대륭포스트타워6차 1212호
전화 070-4651-3730~4
팩스 070-4325-7006
이메일 ksbookup@naver.com
홈페이지 www.knsbookup.com

ISBN 979-11-6275-532-7(03810)
값 12,000원

ⓒ 정웅 2019 Printed in Korea

잘못된 책은 구입하신 곳에서 바꾸어 드립니다.
이 책의 전부 또는 일부 내용을 재사용하려면 사전에 저작권자와 펴낸곳의 동의를 받아야 합니다.

이 도서의 국립중앙도서관 출판예정도서목록(CIP)은 서지정보유통지원시스템
홈페이지(http://seoji.nl.go.kr)와 국가자료공동목록시스템(http://www.nl.go.kr/kolisnet)에서
이용하실 수 있습니다. (CIP제어번호 : CIP2019006371)

홈페이지 바로가기

漢詩와 우리詩의 만남

춘하추동
春夏秋冬

정웅 지음

지혜와감정

'서시(序詩)'

白首疑思戀(백수의사련) 늙어 사련이라니
焉哉主着無(언재주착무) 주책이 없기로는
或如譫囈否(혹여섬예부) 잠꼬대는 없었는지
明月夜詩乎(명월야시호) 달 밝은 밤, 詩야!

문득,
'좋은 사람'이란 말이 낯설어, '나쁜 사람'을 떠올려 봅니다
사랑하는 기억보다 미워하는 기억이 많으면 어쩌나 싶구요
사람들은, 죽을 때까지 미워할 사람이 있을까요?
나는 한 사람의 허물도 용서하지 못하고,
내가 받은 상처만을 기억하고 있지는 않은지,
섬뜩할 때가 있습니다

좋아한다며 긴장할 줄 모르는
사랑한다며 말귀를 못 알아먹는
울고 싶은데 웃음이 나고
웃고 있는데 눈물이 남은
치명적입니다

대저,
사랑은 그로써 싸우면 이기고 그로써 지키면 여물지니
하늘은 장차 이를 구하고자 사랑으로써 이를 감쌀진저[1]
사랑 없이는 세월도 흐르지 않음을
분명, 사랑 없이는 살 수도 없음을

사랑은, 아! 사랑이
서산마루에 붉습니다
에코처럼, 신음처럼

(201804隅川정웅)

---

[1] 출처: 夫慈以戰則勝, 以守則固. 天將救之, 以慈衛之.(노자67장)

목차

4 '서시(序詩)'

春 [봄]

12·13	春心(춘심): 춘심이	'春心이'
14·15	問春何處來(문춘하처래): 봄이 어디쯤 오느냐 하니	'봄은 어디쯤?'
16·17	春雨(춘우): 봄비	'초경(初經)'
18·19	春間(춘간): 봄새	'봄새'
20·21	立春(입춘): 입춘	'입춘(立春)'
22·23	雲吉山(운길산): 운길산에서	'운길산(雲吉山)에서'
24·25	麥田(맥전): 보리밭	'보리밭'
26·27	浦口(포구): 포구에서	'포구(浦口)를 그리며'
28	江頭(강두): 강가에서	
29	送春(송춘)4: 봄을 보내며	

夏 [여름]

32·33	石榴(석류): 석류	'석류(石榴)'
34·35	南瓜花(남과화): 호박꽃	'호박꽃'
36·37	牽牛花(견우화): 나팔꽃	'천생 나팔꽃'
38·39	夏日夢(하일몽): 여름날 꿈	'점심 계(契)'
40·41	薄暮(박모): 땅거미	'땅거미'
42·43	復記(복기): 기억해 냄	'박꽃'
44·45	蓮花(연화): 연꽃	'연꽃'
46·47	水仙花(수선화): 수선화	'수선화(水仙花)'
48·49	午睡(오수)2: 낮잠	'오수(午睡)'
50·51	蜘蛛夢(지주몽): 거미의 꿈	'거미의 꿈'

秋 [가을]

54·55	八月十五夜(팔월십오야): 추석 보름날 밤	'둥근달'
56·57	丹楓(단풍): 단풍	'단풍'
58	立秋(입추): 입추	
59	立秋(입추)2: 입추	
60·61	聞銀木犀香(문은목서향): 은목서 향을 맡으며	'천리향(千里香)'
62·63	紫芒草(자망초): 억새풀	'억새풀'
64·65	秋夜所懷(추야소회): 가을밤 소회	'살락원(失樂園)'
66·67	城隍堂(성황당): 성황당	'성황당(城隍堂)'
68·69	紅柿(홍시): 홍시	'홍시'
70·71	秋日(추일): 가을날	'그리움 하나'

冬 [겨울]

74·75	山中(산중): 산중에서	'山은'
76	山中(산중)2: 산중에서	
77	山中(산중)3: 산중에서	
78·79	除夕(제석): 섣달 그믐날 밤	'섣달 그믐날 밤'
80·81	波濤也(파도야): 파도야!	'파도야!'
82·83	至月夜(지월야): 동짓달 밤에	'동짓달 밤에'
84·85	冬至(동지): 동짓날	'동지추억(冬至追憶)'
86·87	愼日(신일): 설날에	'설날에[愼日]'
88·89	雪路(설로): 눈길에	'눈길'
90·91	傷寒(상한): 감기몸살	'몸살[身殺]'
92·93	冬栢花(동백화): 동백꽃	'동백꽃'
94·95	梧桐島(오동도): 오동도에서	'오동도(梧桐島)'

96·97	福壽草(복수초): 복수초	'복수초(福壽草)'
98·99	雪中梅(설중매): 설중매	'설중매(雪中梅)'
100·101	南漢山城槐木(남한산성 괴목): 남한산성 괴목	'조껍데기 술로'

世間事 [세간사]

104·105	不知(부지): 모르는 일	'철부지'
106·107	世間音(세간음): 세상 소리	'인간세(人間世)'
108·109	對鷄(대계): 닭에게	'닭'
110·111	閑中(한중): 한가한 중에	'세월 낚시'
112·113	誡思辨(계사변): 사변을 경계함	'사변(思辨)'
114·115	假面(가면): 가면	'페르소나'
116·117	君不見(군불견): 그대, 모르는가?	'힘들지요?'
118·119	君不見(군불견)4: 그대, 모르는가?	'정(情)이란'
120·121	未生(미생): 미생	'새싹[初心]'
122·123	亡草(망초): 개망초	'잡초(雜草)'
124·125	誤打電(오타전): 잘못 온 문자	'타임머신'
126·127	履歷書(이력서): 이력서	'이력서'
128·129	口蹄疫(구제역): 구제역	'곰탱이'
130·131	時運(시운): 시운	'시운(時運)'
132·133	地公禪師(지공선사): 지공선사	'체면(體面)'

慕情 [모정]

136·137	雨日(우일): 비 오는 날	'비 오는 날[雨情]'
138·139	獨宿(독숙): 독숙	'독숙(獨宿)'
140·141	自畵像(자화상): 자화상	'섣달 낮달'
142·143	得道(득도): 득도	'득도(得道)'
144·145	理由(이유): 핑계	'핑계 있는 날'
146·147	得意(득의): 득의	'춘추(春秋)'
148	祈願(기원): 기원	
149	喪家(상가): 상가에서	
150·151	雪寒愁(설한수): 설한 시름	'수안보(水安堡)'
152·153	鼾息症候群(한식증후군): 코골이 증후군	'코골이 증후군'
154·155	訃音(부음): 부음	'부음(訃音)'
156·157	不眠症(불면증): 불면증	'불면증'
158·159	歲暮閑吟(세모한음): 세모한음	'벙어리장갑'

日本九州旅行記 10首: 일본 큐슈 여행기 10수

160	〈①登日本九州旅程: 큐슈 여행에 오르다〉
161	〈②杉乃井館棚湯: 스기노이온천탕에서〉
162	〈③入海地獄: 우미지옥에 들다〉
163	〈④金鱗湖: 긴린호에서〉
164	〈⑤湯布院溫泉村散步: 유후인 온천 마을을 걷다〉
165	〈⑥謹次'飛梅'韻: 삼가 '飛梅'를 차운하다〉
166	〈⑦客舍旅情: 객사여정〉
167	〈⑧下關有感: 시모노세키 유감〉
168	〈⑨'旅館'所懷: '료칸'소회〉
169	〈⑩旅行後記: 에필로그〉

齊心劍 [제심검]

172·173	一刀(일도): 한 칼	'한 칼[一刀]'
174·175	齊心(제심): 마음을 다스림	'칼이 짧다고만 할 것인가?'
176·177	相對(상대): 겨룸	'서슬이 퍼렇지만은 않습니다'
178·179	劍身(검신): 검신	'관검단심(觀劍鍛心)'
180·181	紅柿也(홍시야): 홍시야!	'홍시야!'
182·183	思無邪劍(사무사검): 사무사의 검	'최고의 호신술(護身術)'
184·185	眞劍(진검): 진검	'큰맘 먹지 말고 칼을 내라'
186·187	外物(외물): 외물	'젯밥에 곁눈질[外物]'

律詩 [기타]

190	夏夜心事(하야심사): 여름밤 심사	
191	機心(기심): 기심	
192	廣場(광장): 광장에서	
193	累卵危(누란위): 누란의 위기	
194·195	非夢或悲夢(비몽혹비몽): 꿈이 아닌, 혹은 슬픈 꿈인	'꿈이 아닌, 혹은 슬픈 꿈인'
196·197	歸根(귀근): 뿌리로 돌아감	'뿌리로 돌아감'
198	追慕朴烈義士(추모박열의사): 박열 의사를 추모함	

春 [봄]

春心(춘심): 춘심이	'春心이'
問春何處來(문춘하처래): 봄이 어디쯤 오느냐 하니	'봄은 어디쯤?'
春雨(춘우): 봄비	'초경(初經)'
春間(춘간): 봄새	'봄새'
立春(입춘): 입춘	'입춘(立春)'
雲吉山(운길산): 운길산에서	'운길산(雲吉山)에서'
麥田(맥전): 보리밭	'보리밭'
浦口(포구): 포구에서	'포구(浦口)를 그리며'
江頭(강두): 강가에서	
送春(송춘)4: 봄을 보내며	

春心(춘심): 춘심이

春雪紛紛亂(춘설분분난)
迎花處處臨(영화처처임)
東風吹不休(동풍취불휴)
孰事動春心(숙사동춘심)

춘설이 분분한데
곳곳이 꽃맞이네
봄바람은 쉼 없이
어찌 춘심 흔드노

(20150408)

▶ 紛紛: 꽃 따위가 흩날려 어지러운 모양.

'春心이'

春雪은 내리지요

꽃망울은 터지지요

바람은 불지요

春心이 어쩔까?
(횡성문학2015)

問春何處來(문춘하처래): 봄이 어디쯤 오느냐 하니

閑見簷端澤(한견첨단탁)
冬天日照鮮(동천일조선)
春來何處問(춘래하처문)
磴棧下涓涓(등잔하연연)

처마 끝 고드름, 물끄러미
겨울 하늘, 햇살이 눈 부셔
봄이 어디쯤 오느냐 하니
돌다리 밑에 졸졸 한다네
(20150105)

▶ 磴棧: 돌다리. 돌의 잔교(棧橋).
▶ 涓涓: 작은 물이 졸졸 흐르는 모양.

'봄은 어디쯤?'

모진 설한(雪寒)을 겪어야
매향(梅香)은 코끝에 시리다고?
속내야 오죽하랴?

동장군(冬將軍)이 주춤한다고
아내에게 떠밀려 집을 나서니
겨울햇살에도 눈이 부실 줄이야

고향 처마 풍경에 비하랴만,
봉선사 고드름이 정겹지 않은가?
낙수(落水) 소리하며…

봄은 어디쯤일까 싶어
돌다리를 건너는데, 졸졸
얼음장 밑으로 설렘 줄이야

(2015)

春雨(춘우): 봄비

昨夢鮮花雨(작몽선화우)
今朝大地濡(금조대지유)
奈初經不識(내초경불식)
身茁壯長乎(신줄장장호)

밤새 꽃비 꿈이더니
아침 대지를 적시누나
초경인 줄 몰랐어라
키도 쑥쑥 크겠지

(20140428)

'초경(初經)'

빔새 신홍빛
꽃비, 꿈 맞으면
봄비, 아침 창문 열고
온 대지가 촉촉

설렘만큼
쑥쑥 크겠지

(횡성문학2013)

春間(춘간): 봄새

桃花不爲號(도화불위호)
其間柰花消(기간내화소)
此日春云暮(차일춘운모)
人生忽動搖(인생홀동요)

복사꽃 한 번 부르지 못하고
고새, 능금꽃도 지다니
오늘도 봄날은 저문다 하는데
인생살이 홀연히 흔들리누나

(20140501)

▶ 柰花: 능금꽃.

'봄새'

이름 좀 불러 주지 않았다고

복사꽃이 고새 가뿌렸네

능금 꽃도 삐쳐 뿌렀나. 안 보이고
(남양주詩문학2012)

立春(입춘): 입춘

梅枝隱肌理(매지은기리)
賓雀擾琅琅(빈작요낭랑)
窓外仍寒雪(창외잉한설)
朝陽大吉張(조양대길장)

매화 가지 속살 감춘다고
참새 지지배배 안달이다
창밖은 여전히 한설인데
아침 햇살 대길을 펼치네

(20170204)

▸ 肌理: 살결. 살갗의 결.
▸ 琅琅: 새가 지저귀는 소리.

'입춘(立春)'

설중매(雪中梅),
속살[花蕊]을 감추기로서니

동박새,
큰일 난 듯 지지배배 조잘댄들

이미 창밖에 봄이 오롯함을
이 아침, 햇살이 다르지 않느냐?

천지 운행은 한 치의 오차도 없음을
입춘대길(立春大吉)일지니

(2017입춘)

雲吉山(운길산): 운길산에서

雲中水鍾寺(운중수종사)
二水頭煙津(이수경연진)
窈窈憑誰問(요요빙수문)
太初吾孰人(태초오숙인)

구름 속 수종사
두물목 안개 나루
그윽함, 뉘 물어볼까나
태초에 나는 누구인가

(20150313)

▶ 水鍾寺: 남한강과 북한강이 합쳐지는 두물머리를 한눈에 볼 수 있는 경기 남양주 운길산 중턱에 소재. 서거정(徐居正)이 동방 사찰 중 제일의 전망이라고 격찬. 1459년(세조5) 중창. 세조가 금강산에 다녀오던 길에 二水頭(현재의 兩水里)에서 1박 중 암혈(巖穴) 속에서 물 떨어지는 소리가 종소리처럼 들렸다 하여 水鍾寺라 명명했다고.

'운길산(雲吉山)에서'

구름 雲 실할 吉,
흩어지나 싶으면
다시 모이고,
또 흩어지며 노니는
운길산(雲吉山),

어디가 절[寺]인가?
물[落水]소리인 듯
종(鐘)소리인들, 아무렴
수종사(水鍾寺),

산허리 돌고, 또 돌아
저기, 저 아래
물안개 오르면
두물머리[二水頭] 나루
감싸고도는,

요요(窈窈), 너는 누구인가?
태초에 말이 없었나니

(횡성문학2016)

麥田(맥전): 보리밭

疑薰風麥浪(의훈풍맥랑)
雲雀兩高飛(운작량고비)
數堰紅花草(수언홍화초)
惡童怡忘歸(악동이망귀)

훈풍에 보리 물결인가 싶은데
종달새 자웅은 높이 날았으나
자운영 몇은 부러져 뉘어지고
애들은 즐거워 귀가마저 잊네

(20140609)

▶ 雲雀: 종다리. 종다릿과의 새.
▶ 紅花草: 자운영(紫雲英)의 별칭.

'보리밭'
-바람의 추억②

그 해
바람은 보리밭에서 일었다

초록 파도가 일렁이나 싶은데
순이네 보릿대를 꽤나 감아 뉘었다
종달새는 이미 저만치 높이 날았으나
자운영(紫雲英) 몇은 목이 부러졌다

'올 보리농사는 망쳤다'
'미친 연놈들'

순이 엄마 울화통이
바람에 묻혀 아득했다

(문학세계2011/07)

***

유년 시절, 순이네 보리밭은 신화로 음습했다.
처녀 총각이 뒹굴고, 문둥이가 숨고 귀신도 함께했다.
한 번도 본 적은 없다. 들었는데 본 듯 선하다.

浦口(포구): 포구에서

浦口春雨濕(포구춘우습)
酒燈搖柳枝(주등요유지)
沙工何處去(사공하처거)
酬酌白鷗媸(수작백구치)

봄비, 포구를 적시는데
주막 등 버들가지 흔드네
사공은 어디로 갔는고?
갈매기 수작이 민망하다

(20150329)

'포구(浦口)를 그리며'

봄비 내리는
저물녘 포구에 서면,
버들가지처럼
흔들리지 싶기도

비릿하니,
갈매기들 수작도
은근할 듯싶은,
주막 불빛하며

데자뷔,
배낭을 챙기고 싶은,
그리움이 민망한
그런 날이 있다

(횡성문학2015)

江頭(강두): 강가에서

江邊春色柳花飛(강변춘색유화비)
船主何方久未歸(선주하방구미귀)
獨我愁來迎薄暮(독아수래영박모)
流年送客兩依依(유년송객양의의)

강변에 봄 짙어 버들개지 날리는데
배 주인은 어디 가고 돌아오지 않는가?
나 홀로 근심스레 땅거미 마중하노니
가는 세월 보내는 객, 모두 서러워라

(20150420)

▶ 依依: 헤어지기 섭섭한 모양. 안타까이 사모하는 모양.

***

세월만 갔으면 싶었는데 봄날도 간다.
땅거미 지는 고향 강가에서 실없는 소리다.
어느 것 하나 무상치 않으랴만,
주인은 누구고 객은 뉜지 그냥 서글프다는.

送春(송춘)4: 봄을 보내며

夕陽湖畔晚春逢(석양호반만춘봉)
樓閣柳絲水影濃(누각유사수영농)
鄕友三三飛酒盞(향우삼삼비주잔)
感今懷古未知終(감금회고미지종)

해 질 녘 호반, 늦봄 맞이라니
누각 버들가지 물색 짙어라
향우 몇몇이 술잔을 날리며
고금감회, 끝 모를 듯싶드만
(20170519)

▶ 感今懷古: 古今感懷의 도치(倒置).

***

'간다 간다 하기에 가라 가라 하고는
가나 아니 가나 문틈으로 내다보니
눈물이 앞을 가려 보이지가 않더라'

梧南湖畔에도, 봄날은 가더라!
한 시간을 놓고 가더라!

[여름]

石榴(석류): 석류	'석류(石榴)'
南瓜花(남과화): 호박꽃	'호박꽃'
牽牛花(견우화): 나팔꽃	'천생 나팔꽃'
夏日夢(하일몽): 여름날 꿈	'점심 계(契)'
薄暮(박모): 땅거미	'땅거미'
復記(복기): 기억해 냄	'박꽃'
蓮花(연화): 연꽃	'연꽃'
水仙花(수선화): 수선화	'수선화(水仙花)'
午睡(오수)2: 낮잠	'오수(午睡)'
蜘蛛夢(지주몽): 거미의 꿈	'거미의 꿈'

石榴(석류): 석류

越柵秋陽映(월책추양영)
枝枝赫剩然(지지혁잉연)
慕心開箇箇(모심개개개)
汝不見其憐(여불견기련)

가을 햇살 울타리 넘어 비추니
가지가지마다 붉기 그지없네
그리움 속내 알알이 드러내니
그대 모를까? 이토록 가련함을
(20130323)

▶ 箇箇: 알알이. 하나하나.

'석류(石榴)'

알알이 맺힌

그리움

터지는 날

속내

그리 붉힐 줄이야

(횡성문학2013)

南瓜花(남과화): 호박꽃

多福施緣蔓(다복시연만)
無生色一音(무생색일음)
厚情如姐姐(후정여저저)
誰不見其心(수불견기심)

넝쿨째로 복을 주고는
생색 한번 없었다네
후덕함이 큰누님 같은
그 마음 뉘 알아주리

(20140604)

▶ 姐姐: 큰 누님. 큰 언니.

'호박꽃'

언제나 후덕한
큰누님 같은

넝쿨째로 복을 주고는
생색 한 번 내지 않는
보살님 같은

꽃 중의 꽃
(하늘비山房2015)

牽牛花(견우화): 나팔꽃

數日尋常否(수일심상부)
疎籬旭日鮮(소리욱일선)
先鋒軍一色(선봉군일색)
疑是氣衝天(의시기충천)

몇 날을 심상치 않다 싶더니
성긴 울, 아침 햇살로 눈부시네
선봉군 일색이구나!
그 기상, 하늘을 찌를까 싶네

(20140615)

'천생 나팔꽃'

몇 날을
심상치 않다 싶더니
유월의 어느 날 아침
솔가지 울타리가 온통 보랏빛이라니

누가 점령군이 아니랄까 봐
나발까지 부는 폼들이
빨랫줄도 넘본다

천생 나팔꽃이다

(지하철스크린도어選定作2012)

夏日夢(하일몽): 여름날 꿈

隨白雲當處(수백운당처)
黃原麥浪生(황원맥랑생)
望鄕三百里(망향삼백리)
一午夢前行(일오몽전행)

흰 구름 쫓아 이른 곳
황금 들녘, 보리 물결이라니!
망향 삼백리
한 낮 꿈만 앞서네

(20150717)

'점심 계(契)'

한 달에 한 번은 봐야지 않냐고
'만원계[滿員契]' 점심에 나와
정작, 밥 나오니 배 문지른다
何何

아무개는 왜 안 보이는가?
마누라가 넘어졌다지 아마?
대신, 손자 놈 본다고?
虛虛

네놈, 담배 끊고 술도 끊었다매?
독한 것. 다음은 목 끊으랴?
악담 마라. 마음 좀 비우라니
냉큼, 술잔 비운다
黑黑

(횡성문학2013)

▶ 만원계[滿員契]: 회비 만 원. 빈자리 흉할까 이름하여 '滿員契'다.

薄暮(박모): 땅거미

日暮停留所(일모정류소)
高樓影色濃(고루영색농)
酒燈凝路樹(주등응로수)
徒此割心胸(도차할심흉)

저물녘 버스 정류장
빌딩 그림자 짙어라
주막 등 가로수에 어려
실없이 가슴속 에누나

(20150720)

'땅거미'

저물녘 버스 정류장은 분주하지요
빌딩 그림자가 길게, 짙게 늘어지는가 싶으면
낮 동안 수런거리던 가로수는 오히려 느긋합니다
하루의 전사들, 오늘 용케도 살아남았습니다
누군가에 전화를 걸고 받고, 타전을 하고
하루의 전황을, 무용담을 주고받습니다. 젊은이들…
이들을, 젊은 전사들을 지켜보노라니
정작, 몇 번의 귀가 버스를 놓치고 있습니다
멀거니… 주막 등이 가로수에 어린다 싶으면
늙은 전사, 누군가에게 훈장을 보이고 싶어집니다
오해는 마세요. 주모가 보고 싶어서가 아닙니다
그냥 쓸쓸하답니다. 종로3가 쪽입니다

(횡성문학2015)

復記(복기): 기억해 냄

草屋匏花素(초옥포화소)
如盈月照光(여영월조광)
望生匏似月(망생포사월)
母主性奔忙(모주성분망)

초가집 박꽃 새하야니
보름달처럼 밝히더라니
"달덩이 같은 박 낳아다오!"
어머님, 마음 바쁘시더라

(20150729)

'박꽃'

초가지붕 위로 새하야니
박꽃, 여름밤을 밝히면
어머니 마음이 괜스레 바쁘셨다

"달덩이 같은 박을 낳아다오!"
"달덩이 같은 손주가 아니구요?"

(횡성문학2016)

蓮花(연화): 연꽃

原無染塵土(원무염진토)
不艶益端然(불염익단연)
勿慾無枝只(물욕무지지)
淸香不斷宣(청향부단선)

본디 진토에 물들지 않으며
야하지 않으니 한결 단연하다
욕심이 없으니 가지도 없으며
맑은 향기를 끊임없이 베푼다

(20160629)

▶ 端然: 바르게 정돈된 모양.

'연꽃'

더러움에 물들지 않으며
야하지 않으며 단정하고
줄기 속이 비어 욕심이 없으며
덩굴을 뻗거나 가지를 치지 않으며
멀수록 향기가 아름답고

온전히 외로울 때 자유롭지 않을까?

'소리에 놀라지 않는 사자와 같이,
그물에 걸리지 않는 바람과 같이,
흙탕물에 더럽히지 않는 연꽃과 같이
무소의 뿔처럼 혼자서 가라'[1]

(2016)

---

[1] 출처: 수타니파타 中.

水仙花(수선화): 수선화

娃照江中影(와조강중영)
誰何切切不(수하절절부)
自尊如霜柱(자존여상주)
疊疊一生愁(첩첩일생수)

곱게 비치는 수중 네 모습
누가 절절하다고 않으리오
서릿발 같은 자존감
한평생 시름만 겹구나

(20160607)

▸ 霜柱: 서릿발.
▸ 疊疊: 쌓여 겹치는 모양.

'수선화(水仙花)'

아프로디테!
나르키소스(Narcissus)라고?
메아리[Echo]는 들었는가?

어디가 미운지
어떻게 미운지
얼마나 미운지

서릿발로
세상이 노-랗도록
두고 볼 거라고
.
.

봐라!
香油로 만들어 風을 고친다고 않느냐?
생즙을 내어 부스럼에 바른다고 않느냐?
自尊心을 찢어 번식시킨다고 않느냐?

(江原文學2017)

午睡(오수)2: 낮잠

階風吹嫋嫋(계풍취요요)
切切竹夫人(절절죽부인)
脫鏡慇懃善(탈경은근선)
拿腰邂逅新(나요해후신)

書中如白髮(서중여백발)
夢裏似靑春(몽리사청춘)
忽妻聲凉麵(홀처성량면)
惶惶不見悕(황황불견민)

섬돌 바람 솔솔하니
죽부인이 간절하드만
돋보기 벗으니 은근히 착하고
허리를 잡으니 해후가 새롭다

글 속에서야 백발이지
꿈속에서는 청춘임을
홀연한 본부인 "국수요!" 소리에
허허, 민망함이라고는

(20180715)

▶ 嫋嫋: 바람에 산들산들 흔들리는 모양.
▶ 凉麵: 냉면.
▶ 惶惶: 심히 당황하는 모양.

'오수(午睡)'

돋보길 벗으니,
대청마루
죽부인이 은근하다
슬그머니 다가가니
곰살갑다. 착하기는

뉴욕으로
맨해튼으로
링컨 센터로 연주회를,
다시 서울로
비행 중

"국수 말았어요!"
본부인이 소릴 지른다
고새 소낙비가-

(하늘비山房2014)

蜘蛛夢(지주몽): 거미의 꿈

咽喉捕廳謂(인후포청위)
結網但才工(결망단재공)
僅僅傷蠅命(근근상승명)
必能塵世冢(필능진세몽)

목구멍이 포도청이라고
재주라고는 그물뜨기 뿐
겨우, 파리 목숨을 딴다만
반드시 진세를 덮치리라고

(20180504)

- 捕廳: 포도청(捕盜廳).
- 僅僅: 겨우. 근근이.
- 塵世: 티끌 많은 세상.

'거미의 꿈'

-거미줄에 달린 아침 이슬처럼 영롱할까?
-방울방울 우주를 담고 있다

거미를 그리며
거미의 꿈을 꾸곤 한다
날지도 못하는,

꿈에서 거미는
사기를 당하거나 근심거리라며
해몽(解夢)에 시달린다

파리(는 새도 아님)나 족치는 주제에
제깐 놈이 친 그물에
걸려들 거라고?
세상이

(201805)

***

"뱀이 개구리를 씹으며 '나를 대적할 자가 그 누구냐'고 생각했지만, 지네가 자기 몸에 붙은 줄을 몰랐다. 뱀이 죽은 다음에 지네가 교만하여 거미가 그 몸에 젓 담는 줄 몰랐다. 독한 놈은 반드시 독한 것에 상하고, 너한테서 나온 것은 다시 너한테로 돌아가는 법이다[海月 崔時亨]"

[가을]

八月十五夜(팔월십오야): 추석 보름날 밤	'둥근달'
丹楓(단풍): 단풍	'단풍'
立秋(입추): 입추	
立秋(입추)2: 입추	
聞銀木犀香(문은목서향): 은목서 향을 맡으며	'천리향(千里香)'
紫芒草(자망초): 억새풀	'억새풀'
秋夜所懷(추야소회): 가을밤 소회	'살락원(失樂園)'
城隍堂(성황당): 성황당	'성황당(城隍堂)'
紅柿(홍시): 홍시	'홍시'
秋日(추일): 가을날	'그리움 하나'

八月十五夜(팔월십오야): 추석 보름날 밤

月裏雖藏影(월이수장영)
慈聲二十秋(자성이십추)
圓明如望月(원명여망월)
未免尙今愁(미면상금수)

달 속으로 모습을 감추시지만
어머님 말씀 어언 20여 년이네
보름달처럼 둥글고 환하라시며
아직도 근심을 벗지 못하시네

(20140908)

'둥근달'

춥다고 웅크리며
땅만 보고 걸었지 싶어
모처럼 밤하늘을 쳐다보았지요

웬일인가요?
이렇게 추운데 달이 떴네요
둥근달이 환히 반기며 이릅니다
환하게 살려면 둥근 마음을 가지라고
둥근 마음을 가지려면 환하게 살라고

오늘 하루도, 참
잘 참았지 싶습니다
달아, 둥근달아

(지하철스크린도어選定作2013)

丹楓(단풍): 단풍

草綠雖疲倦(초록수피권)
紅粧冶艷誠(홍장야염성)
疑溫柔或費(의온유혹비)
處處喚君聲(처처환군성)

초록에 지치기로서니
붉기가 참 아리땁다
살가운 건가? 헤픈 건가?
곳곳 그대 찾는 소리라니

(20141020)

▶ 冶艷: 매우 아리따움.

'단풍'

절정은, 무슨?

와락 안기나 싶더니
금세 나뒹군다

잘났어, 정말!
(하늘비山房2013)

立秋(입추): 입추

誰論非盛夏(수론비성하)
曉雨聞敲窓(효우문고창)
覺出柴門望(교출시문망)
新凉立向江(신량기향강)

누가 한여름이 아니랄까 봐?
창문 두드리는 새벽 빗소리에
잠을 깨어 사립문을 나서보니
가을 기운이 강 쪽에서 일더라

(20150808)

▶ 新凉: 초가을의 서늘한 기운.

次立秋/無爲自然韻
立秋(입추)2: 입추

雨後快晴凉氣還(우후쾌청량기환)
蟬聲滿滿隔窓閑(선성만만격창한)
一丘一壑皆恩澤(일구일학개은택)
萬景森羅恰解顏(만경삼라흡해안)

비온 뒤 쾌청하니 청량한 기운 돌아
매미 소리 가득하니 창 너머 한가하네
골짜기 언덕마다, 모두가 은총이라
삼라만상이 흡사 얼굴을 편 듯싶구나

(20160807)

聞銀木犀香(문은목서향): 은목서 향을 맡으며

別院銀花樹(별원은화수)
芳香爲事端(방향위사단)
那堪千里夢(나감천리몽)
秋月隔簾看(추월격렴간)

별당에 은빛 꽃나무
방향이 사단이로다
어찌 천리몽을 감내할꼬?
가을 달이 엿보는데

(20181031)

▸ 銀木犀(Osmanthus asiaticus): 9~10월에 피는 남녘에서 생육이 가능한, 金木犀와 함께 千里香을 뽐내는 정원수 종(種). 원산지 중국. 木犀란 물푸레나무의 한자식 표기로 꽃이 은빛이어서 그 이름을 얻었다고.

'천리향(千里香)'

먹고 자고
또, 먹고 자며
해변을 휑하니 걸어도 보고
숨비동산을 어루만져도 보며

조락(凋落)하는 몇 날을
불통(不通)하며, 무위(無爲)로
진세(塵世)를 소요(逍遙)한다만

-모든 꽃들이 모습을 감추는 늦가을 겨드랑이에
은빛 자잘한 꽃들이 오밀조밀 붙어 제 몸을 사른다-

그대 은목서(銀木犀),
흠향(歆香)하노라
(20181028제주S호텔에서)

***

객실 창을 열자, 내내 감미로운 향내다.
참 가지가지로 손님을 유치한다고 했다.
참으로 오해였다. 千里香인 줄을 모르고.

紫芒草(자망초): 억새풀

卒夏憑陵勢(졸하빙릉세)
流年可止焉(유년가지언)
白頭心不惡(백두심불오)
同病只相憐(동병지상련)

여름내 서슬 푸르드만
가는 세월 어이 멈추리오
백발이 속내 싫지 않음은
동병은 상련이련가?

(20150909)

'억새풀'

(1)
옳으면 곧아야지
옳은 듯 곧은 듯이
뉘 흉내를 낸다만
억세다곤 않을까?

(2)
여름내 서슬 푸르러
세월 이기나 싶드만
은발이 싫지 않음은
동병상련이련가?

(2015)

秋夜所懷(추야소회): 가을밤 소회

秋宵鳴蟋蟀(추소명실솔)
誰問去年光(수문거연광)
世事無終始(세사무종시)
區區所感傷(구구소감상)

가을밤, 귀뚜라미 우는 밤
누가 지난 세월을 물을까?
끝도 시작도 없는 세상사
이런저런 마음이 아프다

(20150913)

▶ 區區: 제각기 다름.

'**살락원(失樂園)**'

가을밤,
풀벌레들
꼬리를 물며
우는 밤

밤나무수수밭산뽕나무박넝쿨돌담길개여울
성황당보리밭섶다리코스모스무당골…

지금은
신화가 되어 버린,
한여름이 쓸고 간
잃어버린 낙원
오래된 미래[1]

(횡성문학2016)

---

[1] 출처: 헬레나 노르베리 호지 Helena Norberg-Hodge(1946~)

城隍堂(성황당): 성황당

城隍堂嶺上(성황당영상)
每夢月光愁(매몽월광수)
此夜思菩薩(차야사보살)
秋江萬里流(추강만리류)

성황당 고갯마루
꿈마다 달빛 서러워라
이 밤, 당신 생각에
가을 강, 멀리 흐르네

(20150916)

▶ 菩薩: 내 어머니를 '보살'님으로 칭함.

'성황당(城隍堂)'

보름달 이고
고갯마루 오르시던
울 엄니

성황당 이르시면
달빛 한 동이
내려놓습니다

나무칠성님보살
그리 서럽습니다

(하늘비山房2014)

紅柿(홍시): 홍시

秋枝末君掛(추지말군괘)
赤面只支撐(적면지지탱)
老慾無知恥(노욕무지치)
今當放下情(금당방하정)

가을 가지 끝에 매달려
얼굴 붉히며 버티누나!
노욕이 부끄럽지 않은가?
이제 그만 내려놓으시게
(20151029)

'홍시'

달랑, 하나
가을 끝에 매달려
붉기는!

염치없이,
늙은이 입맛
민망하다

(2015)

***
老慾처럼 흥할까?
까치밥까지 탐해서야?
붉다고(色) 혹해서야?

秋日(추일): 가을날

(一)
昔日同行所(석일동행소)
蕭蕭落葉聲(소소낙엽성)
只今明月夜(지금명월야)
唯戀一庭盈(유연일정영)

지난날 함께 거닐던
우수수 낙엽 지는 소리
지금은 달 밝은 밤
온 뜰 그리움만 가득

(二)
忽古懷望事(홀고회망사)
惜情步步生(석정보보생)
肩頭山影下(견두산영하)
晩歲不勝情(만세불승정)

문득 옛일 되돌아보니
걸음마다 이는 아쉬움
산 그림자 어깨에 내려
만년 정 누를 길 없어라

(20141107)

▶ 蕭蕭: 나뭇잎이 떨어지는 소리.
▶ 步步: 걸음걸음. 한 걸음 한 걸음.

'그리움 하나'
-젊은 날의 노트①

그 가을날,
낙엽이 쌓이는 뜰에서 나누던
우리들의 사랑 이야기

지금은, 텅 빈
밤 시간의 뜰에는
우수만이 자욱하다

문득, 휴지처럼 뭉개고픈
멋쩍게 살아온 날들이
바람이 되어 사무치면

저만큼, 가을 달그림자에
그리움 하나
에코처럼 걸린다

(하늘비山房2012)

***

산다는 것은 또 다른 기억일 게다.
언제나 추억들은 순서 없이 밀려온다.
그리움은 끝나지 않는 이야기라는.

 [겨울]

山中(산중): 산중에서	'山은'
山中(산중)2: 산중에서	
山中(산중)3: 산중에서	
除夕(제석): 섣달 그믐날 밤	'섣달 그믐날 밤'
波濤也(파도야): 파도야!	'파도야!'
至月夜(지월야): 동짓달 밤에	'동짓달 밤에'
冬至(동지): 동짓날	'동지추억(冬至追憶)'
愼日(신일): 설날에	'설날에[愼日]'
雪路(설로): 눈길에	'눈길'
傷寒(상한): 감기몸살	'몸살[身殺]'
冬栢花(동백화): 동백꽃	'동백꽃'
梧桐島(오동도): 오동도에서	'오동도(梧棟島)'
福壽草(복수초): 복수초	'복수초(福壽草)'
雪中梅(설중매): 설중매	'설중매(雪中梅)'
南漢山城槐木(남한산성 괴목): 남한산성 괴목	'조껍데기 술로'

山中(산중): 산중에서

滿天飛暮雪(만천비모설)
老鹿怕飢憐(노록파기련)
何處人家在(하처인가재)
山門起白煙(산문기백연)

하늘 가득, 눈발로 저무는데
늙은 사슴, 굶주릴까 걱정이다
어느 곳에 인가가 있으려나?
산문 쪽, 흰 연기 오르누나

(2014)

▶ 山門: 산의 어귀. 절[寺刹].

'山은'

산은
산을 찾는 자에게 지혜를 줍니다
겨울 산사에서 맞는
새벽은 더욱 그러합니다

늦도록 산사를 지키는 별 몇 하며
산허리를 감도는 안개
계곡의 물소리
새소리하며,
솔바람 소리
마당을 뒹구는 나뭇잎하며
이 모두가 외경스럽습니다

자유의 반대가 구속이,
평화의 반대가 전쟁이 아님을

정말로 적막하고 고독한 것은
사람과 사람 사이에서의
혼자라는 것입니다
누가 흔들었으면 싶습니다
생명의 법문에 떨립니다

(2013)

山中(산중)2: 산중에서

隨白雲登陟(수백운등척)
山林滿鳥音(산림만조음)
脫襦衣坐石(탈유의좌석)
言奈不無心(언내불무심)

흰 구름 쫓아 높이 오르니
산 숲에는 새소리로 가득
저고리 벗어, 바위에 앉으니
어찌 마음은 안 벗느냐 하네

(20140526)

山中(산중)3: 산중에서

松堂無事坐(송당무사좌)
寂寞露心機(적막노심기)
暮雪含天地(모설함천지)
山鍾勸速歸(산종권속귀)

송당에 일 없이 앉아 있자니
적막함이 심기를 드러내네
저물녘 눈발, 온 세상 머금더니
山寺 종소리, 어서 돌아가라고

(20150130)

除夕(제석): 섣달 그믐날 밤

或是鳴風紙(혹시명풍지)
黃牛步縱橫(황우보종횡)
言單刀直入(언단도직입)
勸杖屨裝行(권장구장행)

문풍지 우는가 싶더니
황소바람 거침없구나
단도직입적으로
지팡이 신발 챙기라네

(20141231)

▶ 單刀直入: 말에 거리끼지 아니하고 요점(要點)으로 바로 들어감.

'섣달 그믐날 밤'

어느 세월
문풍지로 막을 수야
황소바람, 틈새
거침없이 들이 닥쳐
단도직입적(單刀直入的)으로
지팡이랑
신발이랑 챙기라네

(횡성문학2015)

波濤也(파도야): 파도야!

萬端愁漆黑(만단수칠흑)
冬海白鷗啼(동해백구제)
其奈波濤也(기내파도야)
如何愛慕兮(여하애모혜)

만단 시름 칠흑 같은데
겨울 바다 갈매기 우네
파도야! 어쩌란 말이냐?[1]
그리움 어쩌란 말이냐?

(20150119)

---

1 유치환, 〈그리움〉 운율(韻律) 본뜸.

'파도야!'

진도 앞바다뿐이랴?
연평 바다는?
백령도는 어떻고?
가 본 적은 없지요

밤바다 칠흑 같기로서니
겨울 바다 춥기로서니
파도야, 네가 출렁이고
갈매기, 네가 우는데

가 본 적은 없지만
어찌 잊으랴! 그 바다
만단 시름 어찌하랴!
파도야! 갈매기야!

(하늘비山房2014)

至月夜(지월야): 동짓달 밤에

朔風搖棗樹(삭풍요조수)
門紙夜來吟(문지야래음)
曉月氷泉井(효월빙천정)
憧憧尿濕衾(동동요습금)

북풍 대추나무 흔들어
문풍지 밤새 울어 대면
새벽달 우물가 얼어붙어
동동 구르다 이불 젖던

(20151220)

▶ 至月: 동짓달.
▶ 門紙: 문풍지(門風紙).
▶ 憧憧: 마음이 잡히지 않은 모양.

'동짓달 밤에'

동짓달 긴긴 밤에
바람 소리도 문풍지 소리도
무섭기는, 꿈인가 싶어
새벽녘이면 어김없이
이불이 젖곤 하던,

추억은, 때로는 난감하지만
우물가 눈썹달이 그리운

(201512)

冬至(동지): 동짓날

爐火邊談笑(노화변담소)
門風紙耳明(문풍지이명)
誰來或如雪(수래혹래설)
終夜一陽生(종야일양생)

화롯가에 담소하며
문풍지로 귀 밝히니
뉘 오시는지, 눈 오시던가?
밤새 일양이 생하도다

(20171222)

▶ 一陽生: 一陽來復. 冬至를 고비로 陰氣가 사라지고 陽氣가 다시 온다.

'동지추억(冬至追憶)'

화롯가를 오손도손 두르면
白屋은 和氣로 피어오르던,

아스라한 동짓날, 까만 밤
호롱불만큼, 귀는 더 밝아

제아무리 황소바람에도, 문풍지
뉘 오시는지, 소복하게
生生히 들었다. 팥죽
솥뚜껑 여닫는, 어머니
일양(一陽)한 소리

(江原文學2018)

▶ 백옥(白屋): 지붕에 눈이 쌓인 하얀 집.

愼日(신일): 설날에

三更中隔歲(삼경중격세)
祝福雪紛紛(축복설분분)
新日新晨白(신일신신백)
誰鞋印謹云(수혜인근운)

한밤에 해가 바뀌고
축복의 눈은 펑펑
새날 새 아침 새하야니
뉘 발자국이랴? 삼가

(20160208)

▶ 隔歲: 한 해가 바뀜.
▶ 鞋印: 발자국.

'설날에[愼日]'

밤새
축복의 눈
온 누리 하얀
새날 새아침

첫 발자국
삼가

(江原文學2016)

雪路(설로): 눈길에

世路蹉跎後(세로차타후)
符同日氣焉(부동일기언)
開眉流淚也(개미유루야)
想哭笑容然(상곡소용연)

세로에 미끄러지고는
날씨가 한통속이라고?
웃고 있어도 눈물이 나고
울고 싶은데 웃음이 남은

(20170120)

▸ 世路: 세상(世上)을 겪어나가는 길.
▸ 蹉跎: ①미끄러져 넘어짐. ②시기(時期)를 놓침. ③일을 이루지 못하고 나이가 많아짐.
▸ 符同: 한통속.

'눈길'

줄눈길이 좀 그렇다
눈길에 눈길을 주지만
미끄러지며 엉덩방아다
오리가 뒤로 자빠지듯-

그 민망함이라니?
웃는 나도 밉겠지만
참는 그대도 곱지는 않을 터,

눈길만 미끄럽더냐?
날씨도 한통속?

(2016)

傷寒(상한): 감기몸살

假裝無認識(가장무인식)
禮數至嚴躬(예수지엄궁)
何有君和氣(하유군화기)
鑽來綿被中(찬래면피중)

모른 체 앓고서?
경우가 지엄하신 몸
그대 어디 살가운 데 있다고
이불 속을 파고드네

(20180117)

'몸살[身殺]'

모른 체하면 어디 덧난다고?
경우가 있는 듯이, 예의 바른 척
한 번을 그냥 넘기지 않는, 이늠
어디 살가운 데가, 살가운 적이 있다고?
연민(憐憫)스레 이불 속을 파고들면?
도리 없잖은가? 쿨럭!

(2018)

冬栢花(동백화): 동백꽃

尙雪花不識(상설화불식)
滿身昏絶行(만신혼절행)
本來憐掛命(본래연괘명)
落暫忘平生(낙잠망평생)

아직도 눈인지 모르고 피드만
만신으로 혼절까지 하누나
본래, 사랑에는 목숨을 건다고?
지는 건 잠시, 평생 잊으며 산다

(20170217)

▶ 滿身: 몸의 전체. 전신(全身).

'동백꽃'

호시절 다 놓치고
하필이면 설한에 꽃이라니?

몸져눕나 싶더니
철렁, 혼절하고 마누나
본디, 사랑은 목숨을 거는 법

뚝,
지는 건 잠시
잊는 건 평생이랬지?
동백아!

(2017)

梧桐島(오동도): 오동도에서

如夢雲林路(여몽운림로)
旅愁四十年(여수사십년)
空然興一想(공연흥일상)
孤島似花鮮(고도사화선)

꿈같은 구름 숲길
여수 40년!
괜스레 한 생각 일어
외로운 섬, 꽃처럼 곱던

(20170725)

▶ 知友들과 40여 년 만에 맛보는 麗水에서의 旅愁다.

'오동도(梧棟島)'
-젊은 날의 노트④

겨울날 바다의 태양은
마지막 열기의 아쉬움인가
빛바랜 노을이 부끄러워
구름 속으로 수줍던

낡은 고깃배로 가득한
선홍빛 상념들, 꺼질듯
뱃고동으로 숨이 차
낙조만큼이나 애틋하던

문득, 문득 꿈인 듯싶은
빨갛게 멍든 진홍빛
그 섬, 오동도에 묻어 둔
전설이 농익어, 슬픈
봄꿈으로 혼절하고는

그대,
동백꽃 온몸으로
뚝
지는 건 잠깐
잊는 건 평생이랬지

(하늘비山房2012)

福壽草(복수초): 복수초

何驚懼多少(하경구다소)
又惑亦如疑(우혹역여의)
尙有嚴冬雪(상유엄동설)
誰家襁褓兒(수가강보아)

얼마나 놀라고 두려울까?
또 주저하고 망설였을까?
아직은 엄동설한
뉘 집 애기 보쌈일까?

(20170220)

▶ 襁褓: 포대기. 보쌈.
▶ 襁褓兒: '보쌈' 아기.

'복수초(福壽草)'

너를 보면, 순간
뭉클, 누가 애기 보쌈을?

얼마나 놀라고 두려울까?
암팡진 주먹하고는,

어미는, 또
얼마를 망설였을까?
아직은 정월 한복판에,

슬픈 기억일진대
전설이라고들 우긴다

풍진세상, 설마
복수(復讐)는 마라

(2017)

雪中梅(설중매): 설중매

迎春領先步(영춘영선보)
殘雪不知然(잔설부지연)
蜂蝶來探否(봉접래탐부)
花心憫憫睍(화심민망견)

봄맞이 앞장서드만
잔설은 몰랐나 보다
벌 나비 찾지도 않는데
속살로 민망하구나

(20170224)

▶ 花心: 화예(花蕊). 화수(花鬚). 속살[속내].

'설중매(雪中梅)'

봄맞이 앞장서서
길을 터놓나 싶더니
꽃샘추위(春寒)를 몰랐으렷다!

눈(雪) 송이송이 살갑기
벌 나비만 못할까마는,
속내(花心)가 민망하기는
좀, 그렇지?

진달래 산수유 개나리
주춤하지 않겠나?
눈(目)인사는 받자구요
눈으로, 매화 방긋

(2017)

南漢山城槐木(남한산성 괴목): 남한산성 괴목

(一)
三角山望遠(삼각산망원)
松坡聽哭聲(송파청곡성)
火傷槐木一(화상괴목일)
縱夢恐傾城(종몽공경성)

삼각산을 멀리 보며
송파 곡소리 듣노니
화상 입은 느티나무
꿈에라도 스러질까

(二)
歲月多能忍(세월다능인)
哀憐業報行(애련업보행)
外方消息亂(외방소식란)
佯死或如盲(양사혹여맹)

용케도 견뎌 온 세월
가련하다. 업보련가
바깥소식 어지러워
죽은 척, 눈먼 듯이

(20141113)

▶ 松坡: 삼전도비(三田渡碑)가 있는 잠실 일대. ▶ 佯死: 죽은 척하다.

'조껍데기 술로'

이 겨울날에
남한산성에 올라 조껍데기 술로
삼전도 치욕에 떨어 봄직도

상것들도, 초병들도, 김상헌도,
최명길도, 임금도 마셨다지?
조껍데기 술

속 터지는 남한산성을
유주현[1]이, 김훈이 아니더라도

저기
화상 입은 늙은 느티나무는
보았느니라. 오롯이

'울며 노래하고 웃으며 곡'[2]을 하던
병자년 치욕을

(2014)

---

1 유주현, '南漢山城'
2 김훈, '남한산성' 中.

世間事
[세간사]

不知(부지): 모르는 일	'철부지'
世間音(세간음): 세상 소리	'인간세(人間世)'
對鷄(대계): 닭에게	'닭'
閑中(한중): 한가한 중에	'세월 낚시'
誡思辨(계사변): 사변을 경계함	'사변(思辨)'
假面(가면): 가면	'페르소나'
君不見(군불견): 그대, 모르는가?	'힘들지요?'
君不見(군불견)4: 그대, 모르는가?	'정(情)이란'
未生(미생): 미생	'새싹[初心]'
亡草(망초): 개망초	'잡초(雜草)'
誤打電(오타전): 잘못 온 문자	'타임머신'
履歷書(이력서): 이력서	'이력서'
口蹄疫(구제역): 구제역	'곰탱이'
時運(시운): 시운	'시운(時運)'
地公禪師(지공선사): 지공선사	'체면(體面)'

不知(부지): 모르는 일

夜來風雨有(야래풍우유)
窓外綠新滋(창외록신자)
天地常無畏(천지상무외)
人驚懼又疑(인경구우의)

밤새 비바람 몰아치고는
창밖에 신록이 더하다네
천지는 언제나 그러하거늘
사람들이 겁내고 의심하네

(20150515)

'철부지'

철이 있거늘,
씨 뿌릴 철
김 맬 철
웃거름 철
거둘 철
저장 철

철모르고
철없는 짓거리라니
천지가 두려울까?
언제 철들까?

(2014)

***
천지는 인자함이 없거늘(天地不仁/老子)
스스로 늘 언제나 그러하거늘
인간들만이 철없이 호들갑이다.

世間音(세간음): 세상 소리

初心奪燒酒(초심탈소주)
拉麵竊農心(라면절농심)
選士民心弄(선사민심롱)
不知世間音(부지세간음)

초심은 소주에 빼앗겼다네
농심은 라면이 훔쳐 갔다고
민심은 선량이 희롱한다고
모르시겠는가? 세상 소리들

(20140512)

▶ 選士: 選良. 選擧된 良士, 곧 國會議員을 달리 일컬음.

'인간세(人間世)'

인심(人心)은 천심(天心)이지
누구의 것도 아니라고?

초심(初心)은 소주에 빼앗기고
농심(農心)은 라면이 훔쳐 가고
민심(民心)은 선량(選良)이 희롱하고
내 맘, 갈 곳 잃어라

(2012)

***

초심은 주모(酒母)에게 찾으라고?
농심 없는 구멍가게 있다던가?
민심은 뉘 집 개 이름?

對鷄(대계): 닭에게

何載冠非鳳(하재관비봉)
無飛扮鳥乎(무비분조호)
況云歌喔喔(황운가악악)
焉敢汝嘲吾(언감여조오)

봉황도 아닌 것이 어찌 벼슬을?
날지도 못하면서 새인 척은?
하물며, 노래라며 소리 지른다만
감히, 네가 나를 희롱하려느냐?

(20140519)

▶ 喔喔: 닭소리. 닭 우는 소리.

'닭'

봉황도 아닌 것이 벼슬하며
새도 아닌 것이 날갯짓하고는
노래라며 목청까지 높인다만

네놈이
인간세(人間世)를 희롱이라도 하려느냐?

닭도 할 말이 있을 터.

달걀 없는 세상,
삼계탕 없는 복날을 상상이나 하랴만
언제는 오리발로 희화하고
조류 독감으로 비난까지 하고는

뭣이냐,
씨암탉 없는 처갓집
어떻게 사위 사랑할까?

(하늘비山房2014)

***
새인 척한다고 빈축을 사는가 하면
조류이기 때문에 독감 기피 대상이 된다만
툭하면 닭살 돋는다고? '삶은 계란'이라며?

閑中(한중): 한가한 중에

忽然懷往日(홀연회왕일)
疑越尺蹉跎(의월척차타)
幻夢知多少(환몽지다소)
呱來笑去何(고래소거하)

문득 지난날들 돌아보니
월척은 다 놓친 듯싶다네
헛된 꿈은 또 얼마였는지
울며 왔으니 웃으며 가리?

(20140603)

▶ 蹉跎: 시기(時期)를 놓침. 일을 이루지 못하고 나이가 많아짐.

'세월 낚시'

뒤돌아보면
문득, 놓친 세월들
하나 같이 월척인 듯싶어
못내 아쉽다가도

욕심 부리다가
벼랑으로 구르지 않은 것만도
참 다행이다 싶어
한마디했지요
참 잘했지요?

시무룩이 답을 않네요
-잘하긴? 개 코는
-니가 잘하시믄 모하세요?
-내가 잘못 낚였는데

(하늘비山房2011)

誡思辨(계사변): 사변을 경계함

思惟時鬼窟(사유시귀굴)
言語一才能(언어일재능)
蠓蚋無知月(몽예무지월)
桃蟲不羨鵬(도충불선붕)

생각은 귀신 소굴 같기도
언어는 단지 재주일 뿐
하루살이 나달을 모르고
뱁새는 붕새 부러워 않네
(20141217)

▶ 蠓蚋: 하루살이.
▶ 桃蟲: 뱁새. 붉은머리오목눈이.

'사변(思辨)'

호모 사피언스,
인간은 생각하는 존재라고?
귀신 씻나락 까먹는 소리 아닌가?
그래봤자 언어의 기교인 것을?
하루살이가 뭐 어때서?
뱁새는 붕새 맘을 모른다고?
니들은 뱁새 맘을 아는감?
얼마나 많은 귀신을 낳는지?[1]

(2014)

---

1 출처: 疑心生暗鬼/列子'說符'篇

假面(가면): 가면

誰見眞顔色(수견진안색)
吾知鏡裏親(오지격리친)
一生俱假面(일생구가면)
向孰問通津(향숙문통진)

진짜 내 얼굴 누가 알까?
거울 속에 내가 잘 아는 사람
한평생 가면을 썼으니
누구에게 나루터를 물어볼까?

(20150108)

▶ 津: 나루터. 불가에서는 '彼岸의 세계'. '진리의 경지'로 비유.

'페르소나'

이 아침에도 나는
거울 앞에 섭니다
얼굴을 손질합니다
아니다. 가면을 고릅니다
무대에 서야 하니까요
역할에 맞추어야 하니까요
천의 얼굴로
천의 무대에 오릅니다
아, 이제는
가면을 벗지 못합니다
무대가 아닌데도 말입니다
왜냐구요?
사실, 내가 가면을 벗으면
사람들이 나를 몰라봅니다
언제 벗어야 할지요?
죽어서야 벗겠지요?
죽음은 나도 모릅니다

(하늘비山房2015)

君不見(군불견): 그대, 모르는가?

紅花無十日(홍화무십일)
勢不百年過(세불백년과)
慾望如觀火(욕망여관화)
人生可奈何(인생가내하)

열흘 붉은 꽃 없음을
권세 백년도 못 감을
욕망이란 뻔하지 않던가?
인생 어찌할 건데?

(20150416)

'힘들지요?'

누구나

힘들 때가 있지요?

힘들다면서

힘만 줍니다

누구도
(2005)

***
언제나, 두 눈을 부릅뜨고 있지요?
꼭, 두 주먹을 불끈 쥐고 말입니다.
늘, 제힘에 지칩니다[柔弱勝剛强/老子].

君不見(군불견)4: 그대, 모르는가?

長安波太極(장안파태극)
處處怒濤聲(처처노도성)
何事春風動(하사춘풍동)
摠無腸斷情(총무장단정)

장안이 태극 물결이니
곳곳이 노도 소리로다
어인 일로 춘풍은 흔드는고?
모두가 정 때문은 아닐 터

(20180312)

▶ 腸斷: 斷腸. 몹시 슬퍼 애끓는.

'정(情)이란'

뜻이요
마음 작용이요
사랑이요
인정이요

주는 것이요
받는 것이요

잊자니 情이 아니요
못 잊으니 病이요
-여시아문

(2018)

未生(미생): 미생

何驚懼多少(하경구다소)
疑惑亦如行(의혹역여행)
莫顧傷心事(막고상심사)
無時不未生(무시불미생)

얼마나 놀라고 두려웠던가?
또 의심하고 망설였던가?
돌아보지 마라, 마음 아프게
언제나 '서투르지' 않았던가?

(20150501)

▶ 未生: 바둑에서, 大馬(또는 집)가 완전히 살아 있지 않은 상태. 사석(死石)과는 다르게 完生의 여지를 가지고 있다는 의미로, 인생으로 비유한다면 완생[성공]을 지향하는 아직은 성공하지 못한 사람들의 노력, 서투른 과정이 아닐는지?

'새싹[初心]'

얼마나
놀라고[驚]
두려울까[懼]

얼마나
의심하고[疑]
망설였을까[惑]

(문학세계2011/03)

***
驚·懼·疑·惑은 四戒라고 하여 검도인들의 화두랍니다.
수련이 지향하는 목표이기도 하구요. 검도뿐이겠습니까?
언제나 놀라고 두렵고 의심하고 망설입니다.

亡草(망초): 개망초

沙洲何播種(사주하파종)
莽草耐塵風(망초내진풍)
多幸非農圃(다행비농포)
猶勝比路中(유승비로중)

모래섬에 어찌 파종하랴마는
망초로 진풍을 견디누나
채마밭이 아니라 다행이지만
노중보다야 참을 만은 하겠지?

(20180612)

▶ 莽草: '亡'字가 민망할까? '莽草'로 부르기도….

'잡초(雜草)'

부릇,
-하늘은 녹(祿) 없는 사람을 내지 않고
땅은 이름 없는 풀을 기르지 않느니라-¹

뽑고
또, 뽑아도
나온다

여의섬
개망초²

(201806)

***

밀밭에서 보리는 잡초렷다, 그 반대도
山蔘인들, 잡초였으리라!
選擧日 개망초 뽑듯. 아니, 잡초 고르듯!

---

1 天不生無祿之人 地不長無名之草/明心寶鑑 '省心'篇
2 망초는 우리나라에서 맨 처음 철도가 건설될 때 사용되는 철도 침목을 미국에서 수입해 올 때 함께 묻어 온 것으로 생각하고 있다. 철도가 놓인 곳을 따라 흰색 꽃이 핀 것을 보고 일본이 조선을 망하게 하려고 이 꽃의 씨를 부렸다 하여 '亡國草'라고 불렀고 다시 '亡草'로 부르게 되었다고. 그 후 망초보다 더 예쁜 꽃이 나타났는데 망초보다 더 나쁜 꽃이라 하여 '개망초'라고 불렀다고. [국립중앙과학관 야생화과학관]

誤打電(오타전): 잘못 온 문자

問吾何飯事(문오하반사)
親執發單文(친집발단문)
不肖從心子(불초종심자)
其餘孰所云(기여숙소운)

밥은 먹고 다니느냐고
손수 문자를 보내셨다
칠십 불초자식인데
나머지 따져 뭣하리오

(20180316)

▶ 從心: 70세를 일컬음. 공자의 '從心所欲不踰矩'에서 유래.

'타임머신'

밥은 먹고 다니느냐?
할머니가 보고 싶어 하신다
한번 다녀가거라

누군가가 잘못 보낸 문자가 하루 종일 가슴을 설레게 한다 50여 년 전으로 시간 여행이 아리다 망설이고 또 멈칫하다가 '네' 하고 답을 쓰고는 타전을 할까 또 주춤하고는 빨갛게 '임시 보관' 중이다 不肖子

(201803)

履歷書(이력서): 이력서

紙船浮日日(지선부일일)
一葉迫縱橫(일엽박종횡)
幾受人間辱(기수인간욕)
而屠三字名(이도삼자명)

종이배로 부유하는 나날들
거룻배 하나, 허둥대누나!
얼마나 세간에 더럽힐까?
또 죽일까, 이름 석 자

(20150529)

▶ 人間: ②사람이 사는 곳. 세상(世上). 세간(世間).

'이력서'

종이배로 흐르는,
고기 떼로 죽어 버린

잿빛, 세월의 강을
부유하는 나날들

얼마나 또 죽을까?
얼마나 또 더럽힐까?

이름 석 자

(하늘비山房2013)

口蹄疫(구제역): 구제역

睫毛長兩眼(첩모장양안)
面相一愚駑(면상일우노)
何況人腸斷(하황인장단)
可憐犝叫呼(가련동규호)

속눈썹이 긴 두 눈 하며
생긴 것이 온통 미련하기는
하물며 남의 애를 태우는가?
가련하다! 송아지 울부짖음

(20150802)

▶ 睫毛: 속눈썹.
▶ 愚駑: 愚鈍, 어리석고 둔함.
▶ 叫呼: 소리치며 부르다.

'곰탱이'

생신 섯 하고는
천생 미련 곰탱이가
눈을 마주친다

긴 속 눈썹하며, 쌍꺼풀에
그 슬픈 눈망울을 어찌 잊으라고
어찌할꼬?

구제역(口蹄疫)이라니
털 없는 원숭이들아

(2010)

時運(시운): 시운

云兵爭詭道(운병쟁궤도)
保國數焉朋(보국수언붕)
尙是時宜論(상시시의론)
襄仁亦可憎(양인역가증)

전쟁은 속임수라 했거늘
保國에 어찌 이웃 눈치를
아직도 시의를 따질 텐가
仁義, 또한 가증스럽구나

(20160215)

▶ 詭道: 孫子, '兵者詭道也'.
▶ 數: 헤아리다.
▶ 宋襄之仁: 仁義를 신봉하다가 망한 宋의 襄公을 빗대어 조소하는 고사.

'시운(時運)'

병법의 원리는 속임수[詭道]다
金씨 3대에 걸쳐 속아 왔지 않는가?
保國決斷에 누구 눈치를 본다는 말인가?
전쟁은 '宋襄之仁'이 아니다
仁義로 가책을 받을 필요는 없다
역사란 거울(E.H. Carr)이라고
天時다! 國益만 있을지니
-여시아문

(2016)

地公禪師(지공선사): 지공선사

白髮非從仕(백발비종사)
高賓座席乎(고빈좌석호)
未安靑少子(미안청소자)
莫羨只須臾(막선지수유)

나이가 벼슬이 아닐진대
무임승차에 귀빈석까지!
미안하구나. 젊은이들아
부러워 마라. 잠시뿐이니!

(20140531)

▶ 地公禪師: 지하철 공짜로 타고 경로석에 정좌해 눈감고 참선하니 이름하여 '지공선사'라…地下鐵公社禪師.
▶ 從仕: 벼슬을 좇음.
▶ 高賓: 귀빈(貴賓).

'체면(體面)'

아침밥 몇 알, 좀 흘렸기로
늙은이 흉내 내냐고?

버럭, 눈총질해 대고 나오지만
날씨까지 쌀쌀맞기는, 그렇다고
무상 복지 공짜 세상, 설마하니
지공선사(地公禪師) 갈 데 없을까?

온양 온천? 춘천? 소요산?
전화는 무슨? 혹 모르지,
세 번째는 받아야 하지 않겠나?
목소리를 깔고 '뭐냐'니, 들어올 때
콩나물 천 원어치허구
잘생긴 대파 한 단허구…
손주 놈 다짐받듯, 복창까지 하랴?

그래, 훌렁 벗고 태어나고는
체면은 무슨? 그래도, 지금은
가릴 곳은 다 가리지 않았는감?

(江原文學2013)

慕情
[모정]

雨日(우일): 비 오는 날   '비 오는 날[雨情]'

獨宿(독숙): 독숙   '독숙(獨宿)'

自畵像(자화상): 자화상   '섣달 낮달'

得道(득도): 득도   '득도(得道)'

理由(이유): 핑계   '핑계 있는 날'

得意(득의): 득의   '춘추(春秋)'

祈願(기원): 기원

喪家(상가): 상가에서

雪寒愁(설한수): 설한 시름   '수안보(水安堡)'

鼾息症候群(한식증후군): 코골이 증후군   '코골이 증후군'

訃音(부음): 부음   '부음(訃音)'

不眠症(불면증): 불면증   '불면증'

歲暮閑吟(세모한음): 세모한음   '벙어리장갑'

日本九州旅行記 10首: 일본 큐슈 여행기 10수

〈①登日本九州旅程: 큐슈 여행에 오르다〉
〈②杉乃井館棚湯: 스기노이온천탕에서〉
〈③入海地獄: 우미지옥에 들다〉
〈④金鱗湖: 긴린호에서〉
〈⑤湯布院温泉村散步: 유후인 온천 마을을 걷다〉
〈⑥謹次'飛梅'韻: 삼가 '飛梅'를 차운하다〉
〈⑦客舍旅情: 객사여정〉
〈⑧下關有感: 시모노세키 유감〉
〈⑨'旅館'所懷: '료칸'소회〉
〈⑩旅行後記: 에필로그〉

雨日(우일): 비 오는 날

雨日長惟獨(우일장유독)
歸家亦遠然(귀가역원연)
酒燈微耿耿(주등미경경)
順步已門前(순보이문전)

비 오는 날은 유난히 길어
귀갓길도 먼 듯싶은데
주막 등 나직이 깜박이면
발길은 어느새 문 앞이네

(20140806)

▶ 耿耿: 불빛이 깜박깜박함.
▶ 順步: 발길 닿는 대로 걸음.

'비 오는 날[雨情]'

비 오는 날이면
하루가 유난히 길다
귓갓길도 은근히 멀고
괜스레 옆으로 새고 싶고

막걸리 빈대떡 봉순네
빈대떡 봉순네 막걸리
봉순네 막걸리 빈대떡

우정(雨情)에 목이 마른데
문자가 네온 불에 번뜩인다
'빈대떡 부치는 중, 귀신'
으스스, '나, 떨고 있남?'

(2012)

***

비 오는 날은 우산보다 어깨동무가 생각난다는
깊은 삶 숨기지 않고 아픈 삶 가리지 않는 친구
비가 오면 그리움도 따라옵니다. 핑계 있는 날.

獨宿(독숙): 독숙

終宵經惡夢(종소경악몽)
窓外雨風音(창외우풍음)
孤睡街燈一(고수가등일)
秋懷萬里心(추회만리심)

온밤 가위로 지새던
창밖에 비바람 소리
외로이 조는 가로등
가을 상념은 만리심

(20141102)

'독숙(獨宿)'

(1)
2005년 11월 1일
가위에 눌려 깼다
가을비가 새벽을 요동친다
이렇게 죽을 수도 있겠구나

여보, 오늘은 올라오는 거지?
이 양반이, 지금 몇 시인데 전화를

(2)
2007년 11월 1일
꼭두새벽에 전화다
처방전을 수배 중인데 "됐네요" 끊는다
이 사람이, 심보하고는, 흑?

약장이 너절하니 심사가 켕긴다
가을비까지 심통을 부린다

(횡성문학2014)

***

우연이지만 두 번을, 같은 날 같은 느낌으로 전화를 주고받았다.
새벽녘 가을비는 싫다. 간병은 염려않고 독숙을 힘들어 했나 싶다.
생각하니, '보살님'께 맘을 들킨 듯싶어 늦가을만큼이나 얼굴 붉다.

自畵像(자화상): 자화상

似觀花臘月(사관화납월)
焉畫月中空(언주월중공)
午酒如蒼白(오주여창백)
可憐蝴蝶夢(가련호접몽)

섣달 꽃 본 듯이
中天에 웬 낮달?
낮술로 해쓱하니
가련타! 나비 꿈
(20141215)

▶ 蝴蝶夢: 胡蝶之夢.

'섣달 낯달'

싣달

낯달

중천에 걸려 안달

낮술에, 해쓱한

달
(2013)

***
섣달은 언제나, 늘, 꼭 춥다.
막장 달 하나, 가슴 저미면
낮술 잔에 자화상. 해쓱한.

得道(득도): 득도

例事山行侶(예사산행려)
如如我後隨(여여아후수)
忽回頭秉手(홀회두병수)
恒把指非其(항파지비기)

언제나 그러했듯, 산행 동무
변함없이 뒤를 따르리라고
문득, 고개 돌리며 잡은 손은
늘 잡히던 그 손이 아니었다

(20150601)

'득도(得道)'

언세나 익숙한 동행
낯설지 않은 산행이기에
늘 그랬듯
뒤를 따르리라는

"이 쯤에서 어때? 쉬었다 가자구!"

고개를 돌리며 잡은 손은
늘 잡히던 그 손이 아니었다

득도의 순간이다
언제나 따르지 않을 수도 있다는

(2009)

理由(이유): 핑계

帶冊光陵內(대책광릉내)
無爲但一伸(무위단일신)
詩情搖樹木(시정요수목)
酬酌衆禽因(수작중금인)

책을 챙겨 광릉에 들지만
단 한 번도 펴 보지 않았으니
시정이 수목을 흔들고
뭇 새들 수작 때문이다
(20150614)

▶ 光陵: 경기도 남양주에 있는 세조(世祖)와 그의 비 정희(貞熹)왕후의 능(陵).

'핑계 있는 날'

"볼 것도 아니면서"
한 번 더 들으면 천 번,
마누라 멘트를 뭉개고
버릇처럼, 책을 챙긴다만

언제나 광릉 입구부터
아름드리 수목들이 수런대고
다람쥐, 청설모가 눈총을 주고
뭇 새들 수작이 별나다
시집(詩集)은 무슨?

아무렴,
보이는 것이 그림인 것을
들리는 것이 詩인 것을
숲은, 늘 그러하다

(횡성문학2016)

得意(득의): 득의

春來如盜賊(춘래여도적)
秋去似亡不(추거사망부)
世事常斯理(세사상사리)
春秋可奈憂(춘추가내우)

봄은 도둑처럼 오드만
가을은 도망치듯 않던가?
세상사 늘 이러하거늘
春秋를 어찌 걱정하랴?
(20151108)

▶ 春秋: 나이에 대한 존칭(尊稱).

'춘추(春秋)'

봄(春)이
안기나 싶더니

금세,
가을(秋)이
토라져 간다
春秋라 하였더냐?

저기,
겨울行 버스가
오지 않느냐?

(2016)

***

세월 가는 줄 모르고 가을 걱정한다.
해가 아니고 나이가 저무는 줄 모르고
눈치 없이 '나이는 숫자일 뿐이라고?'

祈願(기원): 기원

五更月影渡江時(오경월영도강시)
帶雪山堂瑞氣垂(대설산당서기수)
淨土鐘聲皆萬古(정토종성개만고)
母生求道豈誅肌(모생구도기주기)

새벽녘 달그림자 강을 지날 즈음
눈 덮인 암자에 서기가 어린다
정토 종소리 예나 다름없는데
어머니 구도 어찌 살을 에는가?

(20151211)

***

산사 칼바람 달빛마저 시린데
새벽 도량석 서슬보다 푸르러
보살님 求道 저리 살을 에는가

喪家(상가): 상가에서

幼主愁心繞(유주수심요)
亡人面貌禪(망인면모선)
勞心何錯迕(노심하착오)
對酌亦空然(대작역공연)

어린 상주는 수심 어린데
망자는 참선 모습이라니
노심은 어찌 어긋나는지
대작인들, 부질없는 것을

(20151216)

▶ 對酌: 상주와 마주하여 술잔을 나눔.

**
산 자는 근심이 어린데, 죽은 자는 안온하다.
一切如夢, 삶도 죽음도 꿈속에서 일인 것을.
죽은 자 죽음 모르고, 산 자는 산다고 우기네.

雪寒愁(설한수): 설한 시름

歲寒愁徹骨(세한수철골)
誰可慰斯心(수가위사심)
終日無爲坐(종일무위좌)
雪中萬里吟(설중만리음)

세한 시름 뼈에 스미는데
누가 이 마음 달래줄까?
종일 일없이 앉아
눈 속 萬里를 읊는다네
(20160119)

'수안보(水安堡)'
-젊은 날의 노트②

온천의 겨울밤은
깊고 고요하고
밝고 차다

백설에 걸리는
달그림자는
섬돌 위에 부서지며
먼 듯 가까운 듯
애잔한 기침 소리
필사적으로 허공을 가르던

어느 해 겨울부터 병 앓는
꽃 같던 처녀와 그 어머니

아득한, 그리움은 뼛속 깊이
깊이 파고들어
설경(雪景)에 눈물겨운데
수안보(水安堡) 밤은
달빛 속으로 섧다

(하늘비山房2012)

鼾息症候群(한식증후군): 코골이 증후군

滅却三更夢(멸각삼경몽)
家人共死云(가인공사운)
少時無此事(소시무차사)
或見北邙雲(혹견북망운)

오밤중 흔들어 깨우드만
집사람, 같이 가자고 하네
젊어서 이런 일 없드만
북망산 구름을 보았남?

(20141130)

▶ 北邙: 北邙山. 묘지(墓地)가 있는 곳이나 사람이 죽어서 가는 곳.

'코골이 증후군'

오밤중을 흔들어 깨우고는
"같이 죽자구요" 정색을 한다
(2011)

***
젊어서는 그래 안 하드만,
이제는 싫은 게야!
아니다. 정말 죽었었나? 모를 일.

訃音(부음): 부음

莫顧心寒事(막고심한사)
回顔亦益悲(회안역익비)
哀傷何可奈(애상하가내)
西便日斜時(서편일사시)

돌아보지 마라. 마음 시리게
외면도 마라. 더욱 서러운 것을
슬프고 가슴 아픈들 어찌하리?
서편에 해가 기우는데

(20170105)

'부음(訃音)'

세월처럼 도도할까
어디 한눈판 적이 있다고
켜켜이 묻어 있는 시절들
언제는 거침이 없나 싶더니
바삐 질러간다

꼭두새벽
가위로 눌러 깨우는
친구 놈, 밉지는 않다 싶은데
전화기가 방정맞게 울고 있다
내심, 짚이는 데가 있다

연락은 받았냐고
네놈은 살아 있냐고
네놈은 오래 살라고
쇠주 한잔하자고
너스레를 떨지만
참 아프다

(2011)

不眠症(불면증): 불면증

群羊當人質(군양당인질)
終夜眼花兮(종야안화혜)
布穀何心緒(포곡하심서)
茫然謾自啼(망연만자제)

양 떼에 볼모로 잡혀
밤새워 혈안인데
뻐꾸기는 뭔 심사로
속절없이 우는지
(20171220)

▶ 眼花: 눈앞에 불똥이 어른거리는. ≒血眼=熱眼(핏발이 선 눈).
▶ 布穀: 뻐꾸기시계[掛鐘].

'불면증'

어느시인이양백마리를맡기고가네요
밤새세어봐도아흔아홉마리더라구요
언제나늘꼭한마리양이문제더라구요
불상하고미련한것찾으러나가려는데
할멈이우산갖고가라며소릴지르네요
허어참처음부터다시작해야겠습니다

(2012)

***

불면증인가 싶으면 '돼지 소풍'을 가고는 했었지요.
'밤비에 부유하(다/박애라)'고부터는 양을 셉니다.
돼지 소풍도 아닌데 왜 양 한 마리가 모자라는지요.

歲暮閑吟(세모한음): 세모한음

回憶非已戀(회억비이련)
暮年愁殺焉(모년수쇄언)
蹉跎疇昔事(차타주석사)
啞子吃黃連(아자흘황연)

추억은 끝나지 않는 그리움
늙도록 어이 시름을 자아내나?
이제는 한갓되이 옛날 일을
벙어리 냉가슴을 앓는 듯이

(2018)

▶ 愁殺: 시름에 잠기게 함.
▶ 蹉跎: 미끄러져 넘어짐. 기회를 놓침.
▶ 疇昔=疇日: 이전, 옛날.
▶ 黃連: ①[植物]황련. ②생활고통. ③[속담]啞子吃黃連 벙어리 냉가슴 앓듯.

'벙어리장갑'
-젊은 날의 노트③

그 해 겨울

-accelerando 서둘러서, 점점 빠르게
해 짧은 날 눈 덮인 산허리를 돌아 또 눈길 골짜기로 내려서면 사창리(史倉里)는 어둑하니 별을 쏟듯 함박눈은 걸음걸음마다 휘돌았다

-malinconico 우울하게
전방 부대 면회소라고는 불 피운 흔적도 없는 드럼통 난로 그 옆에는 야전 식탁이 덩그러니 철 의자 몇 개와 그녀를 마주 보며 지쳐 있다

-inquieto 불안하게, 안정감 없이
진실은 불편할까? 정작 마주 앉은 눈길은 낯설까? 선남자선여인(善男子善女人)이 선문선답(禪問禪答)이라니 화들짝 딴지다 파르르 막차를 타야 한다고

-angoscioso 고뇌에 차서
흘린 듯 그녀가 놓고 간 잿빛앙고라벙어리장갑 얼마나 미운지 어디가 미운지 어떻게 미운지 몰라 시린 마음 차마 손을 넣지 못하고는 언제나 가슴 한구석 벙어리 되어 어둑한 풍경을 그리며 산다

돌아보지 마!

(남양주詩문학2012)

日本九州旅行記 10首: 일본 큐슈 여행기 10수

〈①登日本九州旅程: 큐슈 여행에 오르다〉

美食三宵樂(미식삼소락)
溫泉四日新(온천사일신)
懸河雄辯否(현하웅변부)
耳銳旅程伸(이예여정신)

미식으로 세 밤을 즐기며
온천에서 나흘을 새롭자고
말인즉, 그럴싸 않겠냐만?
귀가 솔깃, 여정을 편다

(20181127후쿠오카福岡行 機內에서)

▶ '美食溫泉三泊四日': 여행안내 테마.
▶ 懸河雄辯=懸河口辯 口如懸河 말에 거침이 없다.

⟨②杉乃井館棚湯: 스기노이온천탕에서⟩

玄海飛當到(현해비당도)
清晨洗澡開(청신세조개)
怡然發油汗(이연발유한)
萬念摠消灰(만념총소회)

현해탄을 날아 당도하여
목욕으로 새벽을 연다네
좋을시고! 비지땀을 내니
온갖 잡념이 사라지누나

(20181128 벳푸別府, 杉乃井ホテル에서)

▶ 벳푸, 스기노이 호텔 온천탕
   - 棚湯(다나유): 다랭이(5계단) 논처럼 설계된 벳푸 전경을 볼 수 있는 노천탕.
   - みどり湯(미도리유): 옥내 탕으로 폭포/통나무 탕을 갖춘 노천탕.

〈③入海地獄: 우미지옥에 들다〉

天堂如不識(천당여불식)
人搏獄門多(인박옥문다)
別府風光別(별부풍광별)
蓮塘水不波(연당수불파)

천당이면 모를까?
지옥문을 찾는 사람들로 미어진다
벳푸(べっぷ)의 풍광이 유별한가?
연당은 물결조차 없는데

(20181128우미[海]地獄에서)

▶ 우미うみ[海]地獄: 벳푸의 '地獄'순례 中의 하나. 연못이 코발트블루-'바다(海)'色임.
▶ 蓮塘: 온천물을 이용하여 '지옥'에서 '睡蓮の花'를 피우고 있다.

〈④金鱗湖: 긴린호에서〉

霜楓雨中燦(상풍우중찬)
魚躍鳥飛遊(어약조비유)
並坐金鱗畔(병좌금린반)
同看反影秋(동간반영추)

서리 맞은 단풍 우중에 빛나니
물고기 뛰고 새들 날며 노닌다
금비늘(긴린)호변에 나란히 앉아
함께 반영하는 가을을 바라보네

(20181128 湯布院 ギンリン湖畔에서)

▸ 金鱗湖: ギンリン湖. 작지만 유후인의 대표 호수로, 수면 위 붕어의 비늘이 석양을 받아 금빛으로 반짝인다고 하여 얻은 이름이라고. 가을비가 간헐적이었다.

⟨⑤湯布院温泉村散步: 유후인 온천 마을을 걷다⟩

遊行十分樂(유행십분락)
吃食引人人(흘식인인인)
口味觀光說(구미관광설)
坊坊蛇陣伸(방방사진신)

여행을 100% 즐기자며
먹거리로 사람들을 유인하네
입맛이 관광이라고
곳곳에 장사진을 펼치누나
(20181128 유후인湯布院을 거닐며)

▶ 吃食: 먹(을)거리.
▶ 蛇陣伸: 長蛇陣.

〈⑥謹次'飛梅'韻: 삼가 '飛梅'를 차운하다〉

秋光冷神殿(추광냉신전)
合掌上文星(합장상문성)
即使非同國(즉사비동국)
仁香萬里馨(인향만리형)

가을빛 신궁에 차가운데
문성 앞에 합장을 드리니
비록 나라는 같지 않아도
인향은 萬里로 향기로움을

(20181128太宰府 天満宮だざいふてんまんぐうに서)

▶ 文星: 文運을 主管하는 별.

▶ 太宰府 天満宮: 다자이후 텐만구는 공부의 神/스가와라노 미치자네(菅原道眞)를 모시는 신사이다. 입학시험을 앞둔 학생들이 이곳 텐만궁에 가서 "간코(菅原)님, 시험에 합격시켜 주세요"라고 소원을 빌곤 한다고. 간코는 헤이안 시대의 대문인(大文人) 스가와라노 미치자네의 애칭으로, '학문의 신'이 된 실존 인물이다. 845년에 태어난 그는 신동이라 불렸으며, 열한 살 무렵 집 뜰에 핀 매화를 보고 한시를 지을 정도로 총명했다. 본전 앞 우측에 '飛梅(도비우메)'라고 적힌 詩題 표시판이 있다.

***

'달이 하얗게 비추니 마치 눈 내린 듯하고 月燿如晴雪
붉은 매화꽃은 빛나는 별 같구나 梅花似照星
금빛 거울(달)이 하늘에서 비추고 可憐金鏡轉
뜰 위에 핀 옥구슬(매화)이 온 뜰을 향기로 채우누나 庭上玉房馨'
〈飛梅', 菅原道真〉

〈⑦客舍旅情: 객사여정〉

旅路同行若(여로동행약)
人生亦是然(인생역시연)
所懷相對酌(소회상대작)
秋夜豈憂焉(추야기우언)

여행길 동행하듯
인생도 그러함을
소회로 잔을 주거니 받거니
가을밤이 어찌 근심하랴?

(20181128福岡 GRAND HYATT館에서)

〈⑧下關有感: 시모노세키 유감〉

下關哀史幾過年(하관애사기과년)
使節嘆聲尙的然(사절탄성상적연)
歲月增年怨漸消(세월증년원점소)
立碑紀念古今連(입비기념고금연)

시모노세키哀史 얼마를 흘렀는가?
사절들 탄식 아직도 적연하나니
세월이 거듭함에 원도 꺼질세라
기념비를 세워 고금을 잇는구나

_(20181129아카마赤間神宮에서)

▶ 赤間神宮あかまじんぐう: 야마구치현 시모노세키에 있는 신사. 안토쿠천황(安德天皇)을 기리는 신사로, 조선 통신사의 혼슈 지역 첫 방문지이자 숙박지이기도 하다. 신사 맞은편에 '朝鮮通信使上陸淹留之地'碑가 있다.

〈⑨'旅館'所懷: '료칸'소회〉

相垂浴衣笑(상수욕의소)
身若羽毫如(신약우호여)
走馬燈千里(주마등천리)
從心不肖於(종심불초어)

유카타로 미소 지으니
몸은 마치 깃털만 같아라
주마등 천리!
칠십 못난이라!

(20181130 山口, 萩小町はぎこまちにて)

▶ 旅館りょかん료칸: 료칸[旅館]. 옛 일본의 전통적인 숙박 시설.
▶ 浴衣ゆかた유카타: 주로 '료칸'에서 입는 무명 홑옷.
▶ 走馬燈: 창밖의 어선 불빛이 왠지, 走馬燈 같아라!

〈⑩旅行後記: 에필로그〉

兵書老非貪(병서노비탐)
行樂亦如同(행락역여동)
忙則無餘念(망측무여념)
毘毘毛布公(똥똥모포공)

병서, 늙어 탐하지 말고
행락, 역시 그러하다고?
바쁘면 여념이 없는 법
똥똥똥똥, 털보 영감님!

(20181130仁川行 機內에서)

***

'毘毘똥똥'

-똥똥이는 '딸의 딸'의 배 속 이름인데 여전히 즐겨 부른다 에미의 결사적인 4개월여 産苦 끝에 목숨 걸고 얻은 강아지다 8개월이 된 지금 무럭무럭 튼튼한 온갖 재롱둥이다 '똥똥아' 하면 할아버지는 강아지 이름을 잊었나 보다 싶은 생뚱한 표정이 되는가 하면 할배 대표 동요 '통통통통 털보 영감님'을 개사하여 '똥똥똥똥'으로 부를 때면 온몸으로 팔딱팔딱 하회탈로 웃으며 강아진 줄 잊고 새처럼 날려고 한다 허면 할매는 껌뻑 넘어간다-

똥똥아
할매할배가 날아간다
효녀야!

齊心劍
[제심검]

一刀(일도): 한 칼	'한 칼[一刀]'
齊心(제심): 마음을 다스림	'칼이 짧다고만 할 것인가?'
相對(상대): 겨룸	'서슬이 퍼렇지만은 않습니다'
劍身(검신): 검신	'관검단심(觀劍鍛心)'
紅柿也(홍시야): 홍시야!	'홍시야!'
思無邪劍(사무사검): 사무사의 검	'최고의 호신술(護身術)'
眞劍(진검): 진검	'큰맘 먹지 말고 칼을 내라'
外物(외물): 외물	'젯밥에 곁눈질[外物]'

一刀(일도): 한 칼

形隱刀杓後(형은도표후)
侵東亦刺西(침동역자서)
如霆獅子吼(여정사자후)
劃一字齊齊(획일자제제)

칼자루 뒤로 몸을 숨어
좌로 칠 듯 우로 찌를 듯
벼락 치듯 사자후로
한일자 한 획, 삼가

(20140701)

▶ 刀杓: 칼자루.
▶ 齊齊: 공경하고 삼가는 모양.

'한 칼[一刀]'

찌를 듯(·)

좌로 비키고(/)

우로 비켜(\ )

굳게 다문 한일자(一)

한 획

(문학세계2011/03)

齊心(제심): 마음을 다스림

色色無挨騙(색색무애편)
空空勿放心(공공물방심)
應當依劍意(응당의검의)
自了達深深(자요달심심)

보이는 것에 속지 말고
보이지 않는다고 방심 말 것을
마땅히 검의를 좇아
스스로 요달할 뿐!

(20140706)

▶ 挨騙: 사기당하다. 기만당하다. 속다.

'칼이 짧다고만 할 것인가?'

칼이 짧다고만 할 것인가?
키가 작다고만 할 것인가?
나이가 많다고만 할 것인가?
손목이 약하다고만 할 것인가?
허리가 약하다고만 할 것인가?
몸싸움에 약하다고만 할 것인가?
행여, 때가 아니라고 할 것인가?

칼은 이미 손에 쥐어졌다
어려움은 어디에도 도사리고 있다
오직, 한 걸음 더 나아갈 뿐이다

(劍道2014,봄호)

相對(상대): 겨룸

雖然言白刃(수연언백인)
口吻比如何(구문비여하)
縱怒刀應對(종노도응대)
不知誰此和(부지수차화)

비록 서슬 푸름을 이르지만
어찌 입살과 비교하리오
설령, 성난 칼을 대할지라도
누가 이 따뜻함을 알리오

(20140715)

▶ 口吻: 입살. 말투.

'서슬이 퍼렇지만은 않습니다'

교검(交劍)을 하다 보면
왠지 느낌이 좋고
칼끝으로 대화가 되는 경우가 있습니다

마음을 알 수 없다고
검선(劍先)의 가늠도 없이
늘 마주한다고
가까워지지는 않습니다

가까워지려면
탐욕에서 벗어나
진실해야 합니다
솔직해야 합니다
물론 당당해야 하지요

자만심으로
승부욕에 취하여
경박스러운 칼끝에
매달리면 사악해집니다

진솔한 마음가짐으로
교검지우(交劍之友)로 임하면
칼끝을 마주한다고
서슬이 퍼렇지만은 않습니다

(하늘비山房2012)

◆ 용혜원, '가까움 느끼기'의 필법 원용.

劍身(검신): 검신

拿刀漸漸新(나도점점신)
日日劍相親(일일검상친)
以劍修心氣(이검수심기)
刀杓夢一身(도표몽일신)

칼을 잡을수록 새로우니
날마다 칼과 가까이하네
칼로서 심기를 다스리니
칼자루 꿈속의 한 몸일세

(20140914)

'관검단심(觀劍鍛心)'

그 옛날 사대부가는
물을 보며 마음을 닦았으며(觀水洗心)
꽃을 보며 마음을 어여삐 하고(觀花美心)
검을 보며 마음을 단련했다(觀劍鍛心)고

어머니는 정한수를 떠 놓고 가운을 빌었으며
여인네는 꽃을 보며 아름다움을 가꾸었고
장부는 검을 보며 마음을 다짐했다고
-여시아문

(2007)

紅柿也(홍시야): 홍시야!

白頭非爵位(백두비작위)
段亦不勳章(단역불훈장)
君莫忘其實(군막망기실)
徂年澁物當(조년삽물당)

흰머리가 벼슬이 아닐진대
단수(段數) 또한 훈장이 아닐 터
홍시야! 잊지 말게, 이 사실
지난 시절 땡감이었음을

(20141023)

▶ 澁物: 澁柿. 맛이 떫은 날감. 땡감.

'홍시야!'

나이가 훈장이 아니듯
단수(段數)도 벼슬이 아닐 터
홍시에게는 여유와 겸손을
땡감에게는 열정과 순수를

"홍시야! 이 사실을 잊지 말게
너도 젊었을 때는 무척 떫었다는 걸"[1]

(20070416)

***

귀가 트인다[耳順]는데 눈도 어줍다.
떫기라도 한다면 회한은 없으련만, 땡감아!
홍시도 아닌데, 소세키 두 줄이 민망하다.

---

[1] 출처: 나쓰메 소세키(夏目漱石, 1867~1916)

思無邪劍(사무사검): 사무사의 검

拔刀雖大義(발도수대의)
智慧不爲之(지혜불위지)
愼是修身法(신시수신법)
無邪獨劍宜(무사독검의)

대의를 위해 칼을 뽑을지라도
사용하지 않음이 지혜롭다
삼감이야말로 수기법임을
사특함이 없어야 검도이거늘

(20141128)

▶ 思無邪: 생각함에 사특함이 없음. 공자가 시 305편을 산정(刪定)한 후 한 말이다.
 (詩三百 一言而蔽之曰 思無邪)

'최고의 호신술(護身術)'

삼가는 것보다 좋은 호신술은 없다
대의(大義)를 위해 칼을 쓰되
칼을 삼가는 것이 더 지혜롭다

삼감은 자신을 지키는 부적이니
[愼是護身之符, 明心寶鑑 '正己篇']

(2006)

眞劍(진검): 진검

勿念生眞技(물념생진기)
蘭亭序醉吟(난정서취음)
應爲無所住(응위무소주)
而起厥刀心(이기궐도심)

무심이 진기를 낳느니
취중의 蘭亭集序[1]렸다!
응당, 머무름[欲心] 없는
그런 칼을 낼지어다
(20150114)

---

1 蘭亭集序(난정집서): 王羲之(321~379)가 蘭亭에서 '流觴曲水'를 즐기며 친구들 (42인)과 시를 엮어, 그 序文을 지었으니 천하제일의 行書인바, 전해지기로는 술기운이 한창 오를 즈음 一筆揮之, 서문 28줄 324자를 썼다고 함.

'큰맘 먹지 말고 칼을 내라'

무심(無心)에서 진기(眞技)가 나온다
이른바 '무념무상(無念無想)'의 경지이다
왕희지(王羲之)의
'백년이 걸려도 다시는 쓸 수 없는 명필'이
실은 취중(醉中)에
'되는 대로[無心]' 쓴 글이었다나?
잘해야겠다는 욕심에서 벗어나야 한다

큰맘 먹지 말고 칼을 내라
[應無所住而生其心·응당머물지말고맘을내라][1]
-여시아문

(2005)

---

[1] 출처: 應無所住而生其心/금강경

外物(외물): 외물

本是才如一(본시재여일)
機心但起濤(기심단기도)
動搖方震手(동요방진수)
手顫借名刀(수전내명도)

본래 재주는 하나같은데
기심이 물결을 일으킬 뿐!
마음이 흔들리니 손이 떨리고
손이 떨리니 名劍인들?

(20150518)

▸ 機心: 속을 숨기고 기회를 살피는 마음.

'젯밥에 곁눈질[外物]'

"질그릇(瓦)을 내기로 걸고
활을 쏘면 잘 쏠 수 있지만,
허리띠 고리(帶鉤)를 내기로 걸고
활을 쏘면 마음이 흔들리고,
황금을 내기로 걸고 활을 쏘면
눈앞이 가물가물하게 된다

그 재주(巧)는 언제나 마찬가지인데
연연하는 바가 외물(外物)을 중히 여기게 되니,
속마음이 졸렬해진다"[1]

젯밥에 곁눈질이니 마음이 흔들리고
마음이 흔들리니 손이 떨릴 수밖에,
손이 떨리니 칼인들 제대로 잡을까?

(2010)

---

1 以瓦注者巧, 以鉤注者憚, 以黃金注者殙. 其巧一也, 而有所矜, 則重外也. 凡外重者內拙. 莊子, 〈外篇〉'達生' 재구성.

律詩 [기타]

夏夜心事(하야심사): 여름밤 심사	
機心(기심): 기심	
廣場(광장): 광장에서	
累卵危(누란위): 누란의 위기	
非夢或悲夢(비몽혹비몽): 꿈이 아닌, 혹은 슬픈 꿈인	'꿈이 아닌, 혹은 슬픈 꿈인'
歸根(귀근): 뿌리로 돌아감	'뿌리로 돌아감'
追慕朴烈義士(추모박열의사): 박열 의사를 추모함	

夏夜心事(하야심사): 여름밤 심사

每每群星宴(매매군성연)
終宵興夏湖(종소흥하호)
魚齊雙汕汕(어제쌍산산)
鴨隊列嗚嗚(압대열오오)
堤堰螢光也(제언형광야)
柳枝月影乎(유지월영호)
待晨辰自落(대신진자락)
良久曲江孤(양구곡강고)

언제나 별 무리 향연은
밤새 여름 호수를 달구던
물고기, 짝지어 노닐고
오리, 떼 지어 노래하던
방죽은 반딧불!
버들가지에 달그림자!
새벽 마중 별마저 기울면
한동안 곡강은 쓸쓸하던
(20150724)

▶ 汕汕: 물고기가 헤엄치는 모양.
▶ 嗚嗚: 노래 부르는 소리.

機心(기심): 기심

靑林雲霧裏(청림운무리)
卜築制心堂(복축제심당)
俗世情將脫(속세정장탈)
西來意遂行(서래의수행)
晝中松下夢(주중송하몽)
夜半月陰量(야반월음량)
物外人爲說(물외인위설)
誰何識旨藏(수하식지장)

푸른 숲 운무 속에
制心堂을 짓고
속세정 벗겠다고
서래의(參禪) 행한들
낮에는 소나무 아래 꿈꾸고
밤에는 달그림자 헤아린다고
물욕을 벗었다고들?
속내, 누가 알까?

(20150427)

▶ 機心: 속을 숨기고 기회를 살피는 마음. 기심을 짐승들은 알아차린다. 무심히 비둘기 먹이를 주면 모이지만, 이들을 잡자고 먹이를 뿌리면 오지 않는다.

▶ 西來意: 달마가 서토(西土)에서 온 뜻. 달마가 전한 불법의 의취(意趣). 불법의 근본의(根本義). 선의 진면목(眞面目). 참선의 유래. 祖意, 祖師意, 祖師西來意.

廣場(광장): 광장에서

歲暮旗浪裏(세모기랑리)
問君何處之(문군하처지)
樂園街不變(낙원가불변)
安國路無差(안국로무차)
草意難望定(초의난망정)
邦基未測危(방기미측위)
誰知光化老(유지광화노)
交作對愁思(교작대수사)

세모의 태극 깃발 속
그대들, 어디로 가는가?
낙원가 변함없고
안국로 다르지 않건만
민의 안정이 난망하니
국기 위태가 미측일세
누가 알까, 광화문 노인들
근심 걱정 마주 얽힘을

(20161224)

累卵危(누란위): 누란의 위기

彈局脫何時(탄국탈하시)
天心想起宜(천심상기의)
唐堯治世本(당요치세본)
虞舜濟民基(우순제민기)
積德千秋朗(적덕천추랑)
施仁萬代怡(시인만대이)
邦寧誰不願(방녕수불원)
斯道聖君期(사도성군기)

탄핵 정국 언제 벗으려나?
천심을 상기할진저
요임금은 치세의 본이요
순임금은 제민의 기인즉
덕을 쌓으니 천추가 밝고
인을 베푸니 만대에 기쁠 터
나라 안녕 뉘라 원치 않으리?
이 같은 道! 성군을 바랄지니

(20170208)

非夢或悲夢(비몽혹비몽): 꿈이 아닌, 혹은 슬픈 꿈인

夕日先長影(석일선장영)
遑遑陟嶺頭(황황척령두)
炊煙三兩起(취연삼량기)
犬吠里啾啾(견폐리추추)

急步回回墻(급보회회장)
柴門隙穴遒(시문극혈주)
慈親蹲火口(자친준화구)
不忍視呦呦(불인시유유)

月上高商暮(월상고상모)
輝煌後圃幽(휘황후포유)
紫靑波桔梗(자청파길경)
無限美愁愁(무한미수수)

歌唱探蔬菜(가창탐소채)
深山水谷不(심산수곡부)
恒時來滿月(항시래만월)
菩薩待中秋(보살대중추)

(20140903)

▶ 遑遑: 마음이 급해 허둥대는 모양.
▶ 啾啾: 짐승이 우는 소리.
▶ 隙穴: 틈새.
▶ 呦呦: 흐느끼는 모양.
▶ 商暮: 가을날의 저녁 때.
▶ 後圃: 뒤켠 밭.
▶ 桔梗: 도라지.
▶ 愁愁: 근심하는 모양.
▶ 菩薩: 내 어머니의 별칭.

'꿈이 아닌, 혹은 슬픈 꿈인'

해 질 녘, 긴 그림자 앞세워
바삐, 고갯마루에 오르면
두세 집 밥 짓는 연기 일고
개 짖는 소리 동네 부산하던

잰걸음으로 토담 돌고 돌아
사립문 틈새로 다가서면
아궁이에 쪼그려 앉으신 당신
차마 볼 수 없어 눈물 쏟던

달 오르는 가을밤이면
휘황한 뒤란, 그윽하니
청보라 꽃물결, 도라지
너무나 아름다워 슬픈

나물 캐며 노래 부르시던
심산수곡에… 아니셨나요?
언제나 보름달로 오시고는
한가위 기다리시던, 어머니

歸根(귀근): 뿌리로 돌아감

往因時眷念(왕인시권념)
喜懼感如何(희구감여하)
綠一叢萌動(녹일총맹동)
無量耀眼娥(무량요안아)

且那爲夏令(차나위하령)
雨露養柯柯(우로양가가)
鬱鬱蒼蒼有(울울창창유)
莊莊浩氣歌(장장호기가)

滿山紅葉亦(만산홍엽역)
斯景幾持多(사경기지다)
錦衣焉能脫(금의언능탈)
從然逸興過(종연일흥과)

復歸根本否(복귀근본부)
百物暗消磨(백물암소마)
獨步非塵處(독보비진처)
誰知此自和(수지차자화)

(20141010)

- 眷念: 돌아보아 생각함.
- 無量: 한량이 없음.
- 夏令: 여름철 날씨.
- 百物: 온갖 것.
- 自和: 자신의 평화.[自和〈家和〈天和萬事成]

'뿌리로 돌아감'

지난 인연 돌이켜 보면
설레는 마음, 얼마였는지
연둣빛 한 떨기 움틈
그렇게도 눈이 부시던

또 여름날은 어떠했던가?
비이슬로 가지가지 자랐지
울울창창함이라니
그 盛함, 浩然之氣 읊던

만산홍엽이라지만
이 감흥 얼마나 버틸까?
비단옷은 어찌 벗을까?
부질없이 바람만 스치던

뿌리로 돌아간다고 않던가?
온갖 것이 모르게 사라진다
홀로 가리라! 티끌 없는 곳
누가 이 평화를 알리오

追慕朴烈義士(추모박열의사): 박열 의사를 추모함

朴公懿跡屹吾東(박공의적흘오동)
抗日精神景慕同(항일정신경모동)
動地大圖興義奮(동지대도흥의분)
衝天一喝振威風(충천일갈진위풍)
犧牲壯志千秋範(희생장지천추범)
決死丹心萬古忠(결사단심만고충)
憂國衷情誰可及(우국충정수가급)
後人感愧悔顔紅(후인감괴회안홍)

박공의적 나라에 우뚝하니
항일정신 다함께 경모하노라
동지대도 의분을 일으키고
충천일갈 위풍을 떨쳤나니
희생장지 천추의 범이요
결사단심 만고의 충일세
우국충정 누가 가히 미칠까?
후인감괴 회안으로 붉도다

(聞慶全國漢詩白日場入賞2016)

▸ 朴烈(경북 문경, 1902 - ?): 독립투사. 建國勳章大統領章 追敍(1989).
▸ 動地大圖: 日王의 爆殺 企圖.
▸ 衝天一喝: 東京公判에 앞서 裁判長을 訓戒.